KB021350

성격을 바꾸는 데 필요한 것은
변화를 두려워하지 않는 용기입니다.
'하지만'이란 말을 멈추고
이제껏 한 번도 해본 적 없는 무언가에 도전한다면,
당신의 성격은 물론 인생까지 확실히 달라질 것입니다!

기시미 이치로

岸 見 一 郎

ADLER

내 뜻대로 되지 않는 성격 때문에 인생이 힘든 당신에게

아들러 성격 상담소

내 뜻대로 되지 않는 성격 때문에 인생이 힘든 당신에게

아들러 성격 상담소

기시미 이치로 지음 — 이영미 옮김

생각의날개

사람의 성격은 바뀌지 않는 걸까?

사실은 바꾸고 싶지 않은 것일까?

나는 지금까지 오랜 세월 상담해왔다. 그런데 수많은 상담 사례 중에서도 특히 '성격' 때문에 고민하는 사람이 아주 많았던 것 같다.

"자기 자신을 좋아합니까?"

상담 받으러 온 사람에게 이렇게 물으면 대부분 비슷하게 대답한다.

"별로 좋아하지 않는다."

"정말 싫다."

어두운 성격 탓에 다른 사람과 적극적으로 관계 맺기가 어렵고, 친구 또한 없다고 대답한 사람뿐이었다고 말해도 과언이 아닐 정도다.

"나는 성격이 밝고 명랑해서 친구가 너무 많은 것이 고민이다."

이렇게 말하는 사람은 본 적이 없다.

이해하기 쉽게 예를 들어보겠다. 상담실에 쌍둥이 중 동생인 여중생이 왔다. 이 학생은 좀처럼 나와 시선을 맞추려 하지 않는다. 가냘픈 목소리에서 조심스럽고 소극적인 성격이 엿보이는 그 아이에게 내가 묻는다.

"언니는 성격이 밝고, 친구도 많죠?"

"네, 언니는 정말이지 저랑 정반대예요. 그런데 만나본 적도 없는 언니를 어떻게 아세요?"

"어려운 것이 아니에요. 학생이 방금 '언니는 저랑 정반대'라고 말했잖아요. 학생은 자기 스스로 언니와 정반대되는 성격으로 살기로 결정한 거예요."

그럼 여학생은 화들짝 놀라며 되묻는다.

"제가 결정했다고요? 성격은 타고나는 거 아닌가요?"

"그렇지 않아요. 학생은 자기 성격을 바꾸고 싶나요?"

"물론이죠."

"만약 성격이 타고나는 거라면, 학생의 성격도 바꿀 수 없지 않을까요?"

"정말 그러네요. 그렇다면 성격을 바꿀 수 있나요?"

"바꿀 수 있죠. 하지만 간단하진 않아요."

"왜 간단하지 않죠?"

"학생 자신이 성격을 바꾸고 싶어 하지 않기 때문이에요."

"그게 무슨 뜻이죠? 알아듣기 쉽게 설명해주세요!"

며칠 후 쌍둥이 자매의 어머니가 찾아와서 이렇게 말한다.

"두 아이의 성격이 달라도 너무 달라요."

"그래서 무슨 곤란한 점이라도 있으십니까?"

"뭐, 꼭 곤란한 건 아니지만……."

"아니지만?"

"동생이 패기가 없다고 할까, 활발한 언니랑은 다르게 혼자 시간을 보낼 때가 많고, 이따금 한숨도 쉬고 해서……."

"걱정되시는 거군요."

"맞아요."

"동생 쪽 따님은 그런 행동으로 어머니의 주목을 끌려 하는 것 같군요."

"주목을 끌어요?"

"늘 신경 쓰이시죠?"

"맞아요. 하지만 왜 그래야 하는 거죠?"

예시는 이쯤에서 접고, 지금부터 많은 사람이 궁금해하는 '성격'에 관해 예시로 든 여중생과 그 어머니도 납득할 수 있도록 이야기를 풀어나가려 한다.

'성격심리학'에 대하여

알프레드 아들러1870~1937는 오스트리아의 정신과 의사이자 심리학자이며 프로이트, 융과 더불어 '심리학의 3대 거장'으로 꼽힌다. 학설상의 견해 차이로 프로이트와 결별한 다음 '개인심리학'이라는 독자적인 이론을 구축한 아들러는 빈의 국민집회소인 폭스하임에서 한 강의를 바탕으로 1927년《아들러의 인간 이해》라는 책을 출간했다. 폭스하임은 오스트리아 최초의 성인 교육 센터로, 청강생이 대부분 전문가가 아니라 아들러도 전문 용어의 사용을 최대한 자제했다.

《아들러의 인간 이해》는 2부에서 '성격'에 관해 이야기한다. 나는 이 2부만 '성격심리학'이라는 제목으로 일본에 번역 출간한 적이 있다. 성격을 분석하고, 개선의 방향성을 찾아내려는《성격심리학》은 아들러의 유일한 성격론이다. 이후로 출처를 표기하지 않은 인용문은 모두《성격심리학》의 내용이다. 그렇다고《성격심리학》을 이 책의 토대로 삼은 이유가 아들러의 생각을 소개하려는 목적은 아니다. 때로는 아들러의 의견을 비판하기도 했다.

성격에 관한 아들러의 견해가 옳은지 그른지에 대해서는 면밀하게 검증할 필요가 있을 것이다. 그럼에도 불구하고 대인관계 속에서 성격을 고찰하고, 인간이 목적에 따라 자기 성격을 선택한다고 보았다는 점에서 아들러의 《성격심리학》은 다른 심리학들과는 전혀 다른 새로운 관점을 제시한다. 이 점을 꼭 알아주기 바란다.

우리는 성격을 선택할 수 있다

성격에 관한 아들러의 관점을 간단하게 정리하자면 다음과 같다.

'성격은 타고나는 것이 아니다.'

애초에 타고나는 것이라면 바꿀 수 없을 테고, 그렇다면 교육도 치료도 아무 의미가 없어진다. 양쪽 다 사람은 변할 수 있다는 전제가 깔려 있기 때문이다.

아들러는 사람들이 성격을 스스로 선택한다고 생각했다. 이때의 선택은 결코 우연이 아니다. 모두 나름대로의 목적이 있다. 어떤 의미에서든 메리트가 없다면, 아무 성격도 선택하지 않을 것이라는 뜻이다. 앞의 여중생 이야기를 예로 들자면 어둡고 소극적인 성격에도 그런대로 메리트가 있는 셈이다. 물론 의식적으로 선택한 것이 아니므로 목적을 지적당하면 많은 사람이 저항할 것이다.

성격을 스스로 선택했다면 바꿀 수도 있다. 결코 쉬운 일은 아닐 테지만 말이다. 성격이 달라져버리면 앞으로의 일을 예측할 수 없다. 만약 밝은 성격을 선택한다면 무슨 일이 벌어질까? 다른 사람들과 적극적으로 관계를 맺게 될까? 다른 사람들과 적극적으로 관계를 맺다 보면 전혀 예상치 못한 곤란한 일이 생길 수도 있다.

아들러는 "모든 고민은 대인관계에서 비롯된다."고 이야기했다. 타인과 관계 맺으면 어떤 형태로든 마찰이 일어날 수밖에 없다. 당연히 남에게 심한 말을 듣고 상처 받는 일도 생길 것이다. 그럴 바에야 누구와도 관계 맺지 않겠다고 다짐한 이들은 더 이상 다른 사람들과 어울리지 않기 위해 어둡고 소극적인 성격을 선택한다.

'나도 나를 좋아할 수 없는데, 어떻게 다른 사람에게 사랑받을 수 있겠어.'

이렇게 생각하면서 홀로 살아가는 것이다.

성격은 이처럼 대인관계 속에서 선택되는 것이다. 가족 앞에서, 친구 앞에서, 직장 상사 앞에서 우리는 미묘하게 혹은 상당히 달라진다. 따라서 대인관계를 떠나서 성격에 대해 생각할 수 없다는 점은 누구나 짐작할 수 있을 것이다.

《성격심리학》에서 아들러는 '성격'을 아주 상세히 분류했다. 이 책에서도 1장부터 5장까지 각 유형별로 '성격'에 관해 해설할 예정인데, 주의 사항을 미리 짚어두고자 한다.

첫 번째로 아들러가 성격을 유형별로 나눈 까닭을 분명히 하고 싶다. 《삶의 과학》에서 아들러는 성격을 "개인의 유사성을 보다 잘 이해하기 위한 지적 수단"으로 여기고 분류했다.

오래전 고등학생들에게 심리학을 가르쳤다. 당시 많은 학생이 '심리학'에서 성격 진단이나 심리 테스트를 떠올렸다. 성격에 관해 이야기하면 대부분 흥미로워하며 귀 기울였지만, 마치 혈액형이나 별자리 운세를 듣는 분위기였다. 어떤 성격 유형을 들으면, 곧바로 주위의 누군가를 떠올리며 '그 사람은 이런 유형이네.' 단정 지어버리기도 했다. 자신이 어떤지 생각하는 학생도 있었지만, 유형에 꿰맞추려 드는 것은 매한가지였다.

인간은 한 사람, 한 사람 모두 다르다. 한 그루 나무에서 똑같은 잎을 찾을 수 없듯이, 완전히 똑같은 두 사람도 있을 수 없다. 아들러의 관심 대상도 인간 일반이 아니라 살아 숨 쉬는, 자기 눈앞의 '이 사람'이었다. 그런데 유형별로 구분하다 보면 일반화됨으로써 한 개인의 독자성이 사라지고 만다. 일단 유형별로 나눠서 '일정한 정리함'에 넣어버리면, '다른 선반(분류)'은 고려조차 하지 않는 것이다.

아들러의 성격 분류는 개인의 독자성을 전제했다는 점에서 혈액형이나 별자리 운세와는 전혀 다르다. 이 사실을 반드시 이해해야만 한다. 유형별 분류의 목적을 잊어버리면 개인을 유형에 꿰맞춘 다음, 그 유형 밖으로 불거져 나오는 사람의 독자성이나 개성은 놓쳐버리기 쉽다.

인간은 그때그때 완전히 무원칙적으로 임기응변하듯 행동하지 않는다. 각자의 고유한 행동 패턴이 같은 방식으로 되풀이되곤 한다. 인간이 어떤 상황들에 직면할 때, 그때그때 아무 원칙도 없이 즉흥적으로 결단하고 행동한다는 주장이나 관점만을 너무 강조해버리면 각 개인이 갖고 있는 개성이나 인격은 아무런 의미도 갖지 못할 뿐만 아니라 딱히 문제 삼을 이유도 없다. 어떤 과제 앞에서 내리는 결단이나 대처 방법에는 개인마다 고유한 행동 패턴이 있다. 그것이 바로 성격이다.

'암'이라는 병명을 밝혀내면 적확한 치료가 가능하다. 나른하다거나 열이 난다거나 하는 증상에 대처만 하는 것이 아니라 원인부터 정확히 알아봐야 한다는 뜻이다. 인간의 행동도 마찬가지로 개별적으로만 보아서는 안 된다. 예를 들어 '허영심'이라는 '유사성'으로 묶어보면, 인간을 이해하는 데 도움이 될 뿐만 아니라 성격 변화도 좀 더 쉬워진다. 이런 이유로 아들러는 성격에 대해 설명하면서 '유사성'이라는 용어를 사용했다.

두 번째로 '분류가 최종 목표는 아니다.'라는 점을 염두에 두어야 한다. 필요하다면 바꾸는 것이 성격 분류의 궁극적인 목표다. 유형별로 나누는 과정에서 자신의 성격에 대해 제대로 이해한다면, 원하는 방향으로 성격을 바꾸는 일도 가능해진다.

세 번째로 '어떻게 바꿀지.'에 대한 목표가 필요하다. 이것이 없다면 아무리 애써도 원하는 방향으로 성격을 바꿀 수 없다. 그렇다면 어떤 성격을 목표로 삼아야 할까? 인간은 아무도 혼자 살아갈 수 없다. 그래서 아들러는 다른 사람에게 관심을 갖고, 도우려는 마음이 있느냐 없느냐 하는 점을 성격의 중요한 지표로 삼았다. '공동체 의식'에 뿌리내린 성격인지 아닌지를 중요시했다는 이야기다. '공동체 의식'에 뿌리내린 성격이 무엇인지에 대해서는 마지막 장에서 자세히 다루도록 하겠다.

'인간 이해'가 필요한 이유

《성격심리학》이 《아들러의 인간 이해》라는 책의 2부 내용이라는 이야기는 앞에서 했다. 《아들러의 인간 이해》의 원서 제목인 'Menschenkenntnis'을 직역하면 '자기와 타인에 관한 이해'라는 뜻이다. 인간관계를 떠난다면 우리는 다른 사람은 커녕 자기 자신에 대해서도 제대로 알 수 없다. 그렇지만 대인관계 속에서 자신과 다른 사람들이 무슨 목적으로 어떻게 행동하는지를 제대로 이해한다면, 그 이해를 대인관계에서 일어나는 문제 해결뿐만 아니라 목표로 하는 성격에 다가서는 일에도 유용하게 활용할 수 있다.

《아들러의 인간 이해》에는 다음과 같은 내용이 실려 있다.

인간의 본성을 알기 위해서는 불손하거나 오만해서는 안 된다. 그러기 위해서는 겸허함이 필요하다.

알고 있다고 생각하지만, 사실 모른다. 다른 사람에 관해서도 마찬가지지만, 특히 자기 자신에 대해 알기는 매우 어렵다. 행동의 목적에 대해서도 본인은 거의 무의식 상태이기 때문에 오히려 주변 사람이 더 잘 알 때도 있다. 아들러가 자기 자신은 물론이고 다른 사람 또한 제대로 이해하기 위해서는 반드시 겸허해야 한다고 말하는 까닭이다. 《아이들의 교육The Education of Children》에서 가져온 인용문도 한번 살펴보자.

인간의 본성에 대한 이해가 심오했던 소크라테스는 "자기 자신을 아는 것은 얼마나 어려운 일인가."라고 말했다. 이 말은 수천 년 동안 우리의 귓가에 메아리쳤다.

고대 그리스의 델포이의 기둥에는 '너 자신을 알라.'라는 아폴론의 신탁이 쓰여 있었다. "나는 내가 제일 잘 안다."고 말하고 싶은 사람도 있으리라. 그렇지만 자기 자신을 제대로 아는 것이 식은 죽 먹기라면 굳이 '너 자신을 알라.'라는 신탁을 기둥에 써 놓지는 않았을 것이다.

《성격심리학》을 읽다 보면, 인간에 대한 아들러의 통찰이 매우 심오하다는 사실을 알 수 있다. 사이사이에 마치 내 이야기 같아서 눈을 감고 싶어지는 내용이 있을지도 모른다. 그렇지만 아들러의 글 속에서 나 자신을 찾아낸다면 스스로에 대한 이해가 깊어지고, 자기 자신을 다시 보게 될 것이며, 필요성을 깨달음으로써 성격을 바꿀 '용기'까지 얻을 수 있을 것이다.

《아들러의 인간 이해》가 미국에서 밀리언셀러가 되었을 때, 유서 깊은 출판계 정보지 〈퍼블리셔스 위클리Publishers Weekly〉에 게재되었던 전면 광고를 소개한 다음 1장으로 넘어가려 한다.

"당신은 열등감이 있습니까? 불안합니까? 겁쟁이인가요? 오만합니까? 순종적입니까? 운명을 믿나요? 이웃을 이해합니까? 자기 자신을 이해하나요? 당신 자신과 하룻밤을 함께하세요. 자기 자신을 관조하는 모험을 떠나세요. 우리 시대의 가장 위대한 심리학자 중 한 사람이 당신이 올바른 곳에서 올바로 행동할 수 있도록 힘이 될 것입니다."

CONTENTS

1

허영심·질투·미움

공격형은 자기 중심적이다

ADLER

공격형 성격의 특징

아들러가 '공격형'이라고 분류한 성격부터 살펴보자.

'허영심이 강한 성격', '질투가 심한 성격', '미움과 적의로 가득한 성격'이

여기에 해당된다. 아들러는 '공격형'이란 다른 사람과의 관계에서

반드시 승리해야 한다고 생각해 타인에게 적대적이며

때로는 비난하는 성격이라고 말했다.

이렇게 공격적인 성격을 가진 사람은 자신의 약한 모습을 감추려

과장스럽게 강한 척한다. 이런 성격적 특징을 갖고 있는 사람은

타인에게 적대적이고, 관심이 자기에게만 향해 있다.

기저에 깔린 것은 나약함과 열등감이다. 그것을 남에게 들키지 않으려고,

실제 이상으로 크고 강하게 보이려 애쓰다 보니

때때로 다른 사람들을 '공격의 대상'으로 삼는 것이다.

허영심이 강한 성격

실제보다 뛰어나 보이고 싶은 욕심

'나는 허영심이 강하다.', '허세를 부리는 성격이다.'
싶은 사람은 스스로와 비교하며 읽어보기 바란다. 허영심이란
한마디로 실제보다 뛰어나 보이고 싶어 하는 마음이다.

허영심이 강한 사람은 저 위로 향하는 선만 바라보면서 자신
이 불완전하다고 느끼고, 자기 자신의 역량을 훨씬 넘어서는 높
은 목표를 설정한다. 그리고 항상 다른 사람보다 뛰어나고 싶어
한다.

다른 곳에서 아들러는 '저 위로 향하는 선'을 '우월성 추구'라
고 표현했다. 둘 다 다른 사람보다 뛰어나려 한다는 의미다. 그

리고 '자신이 불완전하다'고 느끼는 것은 '열등감'이라고 표현
했다. 아들러의 이야기에 따르면 우월성 추구와 열등감은 표
리 관계라 떼어놓고 생각할 수 없으며 누구에게나 있다. 하지만
'개인적인'이라는 한정사가 붙는 우월성 추구에는 문제가 있다.

구체적인 사례도 소개했다. 수업 시간에 선생님에게 칠판지
우개를 집어던지던 소년의 이야기였다. 선생님이 칠판에 글씨
를 쓰고 있을 때, 한 소년이 뒤에서 칠판지우개를 집어던졌다.
그런 행동을 일삼아서 교장 선생님이 소년을 몇 번이나 집으로
돌려보냈지만, 칠판지우개 던지기는 계속되었다. 교장 선생님
은 아들러에게 이렇게 말했다.

"주의를 주고 집으로 돌려보내기까지 했는데, 계속 칠판지우
개를 던지네요."

여기에 아들러는 이렇게 답했다.

"선생님에게 칠판지우개를 던진다고 주의를 주고, 집으로 돌
려보냈기 때문에 그런 행동을 더더욱 멈추지 않는 것입니다."

아들러는 그 소년과의 상담을 공개적으로 진행했다. 당시에
는 이런 상담 방식에 상당한 비판이 쏟아졌다. 여러 사람 앞에
서 문제를 솔직하게 털어놓기가 쉽지 않으리라 생각했기 때문
이다. 그렇지만 아들러는 여러 사람 앞에서 이야기할 기회가 주
어지면, 모인 사람들이 모두 자기에 관해 진지하게 생각한다고

받아들임으로써 아이들이 자기 존재가 중요하다고 느낄 수 있으리라고 주장했다. 아들러는 소년과 이런 대화를 주고받았다.

"학생은 몇 살이지?"

"10살이요."

"10살? 10살치고는 작은 편 아닌가?"

도발적인 말이다. 소년도 발끈해서 아들러를 노려보았다.

"나를 좀 보렴. 나도 40살치고는 작은 편이지?"

아들러의 덩치가 작았다는 것은 널리 알려진 사실이다. 아들러는 어휘를 신중하게 고르며 이렇게 표현했다.

"몸집이 작은 '우리'는 크다는 사실을 증명해야만 해. 그래서 선생님한테 칠판지우개를 던졌지?"

아들러는 '몸집이 작은 너'라고 하지 않았다. 소년은 눈을 내리깐 채 어깨를 살짝 움츠렸다.

"자, 나를 보렴. 내가 뭘 하고 있지?"

아들러가 소년 앞에서 까치발을 디뎠다. 까치발을 디뎌서 몸을 부풀렸다가 다시 힘을 빼고 원래대로 섰다. 소년에게 말하는 동안 그런 행동을 몇 번이나 되풀이했다.

"내가 지금 뭘 하고 있는지 알겠지?"

소년이 올려다보자 아들러는 이렇게 설명했다.

"너는 실제보다 크고 세 보이고 싶은 거야. 다른 사람은 물론

자기 자신에게도 그렇다는 것을 증명하고 싶지. 그러니까 권위에 반항해야만 하는 거야."

여기에서 권위란 학교나 선생님일 것이다.

"선생님에게 칠판지우개를 던져서라도."

이것이 바로 허영심의 한 예다. 실제 모습보다 크고 뛰어나 보이고 싶어 하는 것, 아들러는 이것을 허영심이라고 생각했다.

아들러는 "허영심이 강한 사람은 저 위로 향하는 선"을 바라본다고 말했다. 이때 드러나는 우월성 추구는 더 이상 누구에게서나 볼 수 있는 보편적인 양상이 아니다. 있는 그대로의 자기 자신만으로는 만족할 수 없고, "다른 사람보다 뛰어나고" 싶어서 실제보다 커 보이려 까치발을 디딤으로써 '성공과 우월성'을 얻으려는 심리는 결코 보편적인 것이 아니다.

남을 깔아뭉개면서까지 우월감을 느끼려는 이유

또 다른 예도 있다. 아들러는 스코틀랜드에 있는 애버딘대학에서 나흘간의 집중강의를 한 적이 있다. 67살의 아들러는 이 나흘 동안의 강의를 끝낸 후 심근경색으로 돌연 세상을 떠났다. 생의 마지막 한때를 애버딘대학에서 보낸 셈이다.

애버딘대학에서 맞은 첫째 날 저녁이었다. 아들러를 초청한 애버딘대학에서 인사하러 온 렉스 나이트 교수와 막 호텔 로비 소파에 앉은 순간, 한 청년이 다가와서 이렇게 말했다.

"두 분이 심리학자라는 것은 알고 있습니다. 하지만 아마 두 분 다 내가 어떤 인물인지는 알아맞히지 못할 것입니다."

나도 이와 비슷한 경험이 있다. 내가 심리학을 가르친다는 사실을 아는 학생이 이렇게 묻는 것이다.

"선생님은 심리학을 가르치는 사람이니까, 내가 지금 무슨 생각 중인지 아시겠죠?"

당연히 그런 것을 알 리가 없다. 심리학자라고 남의 마음을 읽을 수 있는 것은 아니니까. 과연 그런 질문을 던진 학생의 목적은 무엇이었을까? 바로 상대방, 즉 나의 가치를 떨어뜨림으로써 상대적으로 자기의 가치를 높이는 데 있다. 아들러는 이것을 '가치 저감 경향'이라는 용어로 표현했다.

허영심이 있는 사람, 혹은 자기가 실제로 뛰어나지 못함을 알고 있는 사람은 남의 가치를 떨어뜨림으로써 상대적으로 자기 가치를 높이고, 그럼으로써 우월감을 얻고자 한다. 아들러는 이런 경향을 '가치 저감 경향'이라고 표현했다.

"내가 지금 무슨 생각 중인지 아시겠죠?"

이 질문에 내 대답은 한결같다.

"아니, 나는 학생의 마음을 읽을 수 없어요."

그럼 학생은 거의 경멸에 가까운 표정을 짓는다. 지금껏 나는 이따금 그런 경험을 해왔다. 불쑥 다가와서 "두 분 다 내가 어떤 인물인지는 알아맞히지 못할 것입니다." 말했다니 애버딘의 그 청년도 가치 저감 경향이 있는 사람이었을 것이다.

나이트 교수는 매우 당황했지만, 아들러는 그 젊은이를 지그시 바라보며 이렇게 말했다.

"아니, 자네에 관해 한 가지 정도는 말할 수 있을 듯한데. 자네는 허영심이 매우 강하군."

"왜 그렇게 생각하시죠?"

"낯선 두 사람이 있는 소파로 다가와서 '나를 어떻게 생각하느냐.'고 묻는 것은 허영심이 상당히 강하다는 의미 아닐까?"

남에게 인정받고 싶어 하고, 다른 사람이 자기를 어떻게 보는지 몹시 신경 쓴다. 아들러는 그 자리에서 바로 청년의 허영심을 꿰뚫어봤다. 그렇다면 다른 사람의 가치를 떨어뜨려서라도 우월감을 느끼고 싶어 하는 이유는 뭘까?

허영심이 강한 사람의 이면에는 극심한 열등감이 동시에 자리 잡고 있다. 실제로는 뛰어나지 못하다는 사실을 알고 있기 때문에 더더욱 자기가 뛰어나다고 강조하려 드는 것이다.

직장에서 상사가 부하 직원을 야단칠 때도 이런 경향을 발견할 수 있다. 아들러는 일하는 상황을 '제1경기장'이라고 표현했다. 그런데 '제1경기장을 벗어나 제2전장戰場에서 인정받고 싶은 욕구를 채우려 하는' 상사들이 있다. 업무와 직접적인 관계가 없는 곳에서 야단침으로써 부하 직원의 가치를 떨어뜨리고, 상대적으로 자기의 가치를 높이려는 것이다. 아들러는 이것이 '허영심'의 발로라고 지적했다.

허영심은 숨고 싶어 한다

"나는 허영심이 있다."고 당당히 이야기하는 사람은 없을 것이다. 보통은 그런 말을 듣는 일도 달가워하지 않는다.

누구에게나, 설령 흔적뿐일지라도, 허영심은 존재한다. 그러나 허영심을 드러내면 상대방에게 좋은 인상을 줄 수 없기 때문에 대부분 꽁꽁 숨겨두거나 다양한 형태로 바꿔서 표현하려 한다.

이렇게 말하면서 아들러는 '허영심' 대신 '야심'이라는 표현도 쓰인다고 했다. 원서의 독일어에서 쓰인 'Ehrgeiz'라는 단어에는 사전적으로 '공명심'이나 '명예욕'이라는 뜻도 포함되어 있다. 아들러가 사람들이 "허영심이나 오만함 대신 어감이 좋은 Ehrgeiz란 단어를 사용함으로써 어떻게든 궁지를 모면하려 한다."라고 표현했기 때문에 나 역시 긍정적으로도 들릴 수 있도록 '야심'이라고 번역한 것이다. '야망'은 조금 강하게 느껴지기도 하지만, '야심'은 비교적 긍정적으로 들린다. 그래서 허영심은 부정하더라도, 야심이 있다는 표현을 쓰는 사람은 많을지도 모른다.

다나베 세이코의 소설 중《꽃놀이 옷 벗으니 나를 휘감네……》라는 작품이 있다. 스기타 히사조라는 여성 하이쿠 시인의 전기 소설인데, 대학에 진학하고 싶다는 말에 부모와 친척이 "허영심이야."라고 반응하자 그녀는 "그렇지 않아요. 향상심이에요."라고 대답한다. 스기타 히사조는 아들러보다 조금 늦은 1890년에 태어나 1946년에 세상을 떠났는데, 당시 일본에서는 여성의 대학 진학이 일반적이지 않았다.

야심 없는 인간은 위업을 이루지 못한다고 말하는 사람도 많다. 아들러는 "그것은 착각이며, 잘못된 견해다."라고 지적하면서 "공동체가 어떤 방식으로든 뜻을 품고 지향하다 보면 천재적인 업적도 이룩할 수 있지만, 그런 천재적인 업적에서 허영심의 영향력은 결코 클 수 없다."고 덧붙였다.

허영심 때문에 잃는 것

아들러는 허영심에 관해 이런 이야기도 했다.

대체로 인정받고 싶다는 욕구가 강렬해질수록 정신생활 면에서는 긴장감이 고조된다.

누구나 남에게 잘 보이고 싶은 마음을 갖고 있다. 그렇지만 인정받으려는 욕구가 강렬해질수록 긴장감도 높아질 수밖에 없다. '멋지게 이야기해야지.', '이야기로 다른 사람을 감동시켜야지.'라고 생각하거나 내 재능을 인정받고 싶은 욕구에만 정신이 팔리면 다른 사람 앞에서 몹시 긴장할 수밖에 없다. 서툴면 서툰 대로 이야기하면 되는데, 잘해야만 한다는 의식이 전면에 나서버리는 바람에 몹시 긴장하는 것이다. 이로 말미암아 오히려 말을 더 못하게 될 때도 있다. 아들러는 이어서 이렇게 말했다.

이 같은 긴장은, 인간이 힘과 우월성을 보다 확실한 목표로 설정하고, 이 목표를 이루기 위한 활동을 강화하며 다가가도록 밀어붙이는 작용을 한다. 그런 인생은 큰 승리를 기대하게 된다.

아들러는 인정받으려 할 때 인간이 "힘과 우월성의 목표에 보다 집착"한다고 말했다. 다른 사람보다 뛰어나 보이기 위해 무리하게 높은 목표를 설정한다는 것이다. 정말 뛰어난 사람은 자기 능력을 과시하지 않는다. 스스로에게 자신감이 없는 사람, 열등감에 시달리는 사람들이 본인의 뛰어남을 과하게 강조한다.

이런 사람은 틀림없이 현실과의 접점을 잃어버리게 될 것이다. 자기 인생과의 연관성을 잃고 항상 '남에게 어떤 인상을 줄까, 다른 사람은 나를 어떻게 생각할까?' 하는 질문에만 구애되기 때문이다. 그로 인해 행동의 자유도 현저하게 방해받는다. 이럴 때 가장 빈번하게 드러나는 성격 특징이 바로 허영심이다.

앞에서 소개한 애버딘의 청년 이야기로 돌아가 보자. 아들러는 청년에게 이렇게 말했다.

"낯선 두 사람이 있는 소파로 다가와서 '나를 어떻게 생각하느냐.'고 묻는 것은 허영심이 상당히 강하다는 의미 아닐까?"

청년은 두 사람에게 자기가 어떤 인물인지 알아맞힐 수 있겠냐고 물었다. 그런 행동은 두 사람에게 자신이 어떻게 보이는지 신경 쓰고 있음을 보여준다. 어쩌면 청년은 이처럼 당돌한 질문에 "자네는 매우 유능하군." 같은 대답을 기대했을지도 모른다.

이 청년처럼 자기의 우월성을 과시하려고 애쓰는 사람은 남들에게 어떤 인상을 줄까? '다른 사람이 나를 어떻게 생각할까?'에만 신경 쓴다면 무슨 일이 벌어질까? 이런 사람은 아들러의 말대로 '현실과의 접점을 잃어버린다'. 본연의 자기 모습이 아니라 이상적인 쪽에 초점을 맞춘 채 살아가기 때문이다.

직장 업무나 공부에 대해 생각해보자. 능력이 안 되면 안 되는 지점부터 시작해야 한다. 하지만 뛰어나 보이고 싶은 사람은 무리하게 까치발을 딛고, 보다 더 높은 곳에 위치한 척한다. 이렇게만 이야기하면 좋게 들릴 수도 있지만, 이런 행동은 진실되지 못한 행동만 강화시키기 때문에 좋지 않다. 그렇다면 현재 상태 그대로 좋은가? 이 점에 관해서는, 특히 일이나 공부 분야에서는 그렇지 않다고 생각하는 사람이 대부분이다. 그럼 어떻게 해야 할까? 일단 자기 위치를 어느 정도 제대로 파악하고, 거기에서부터 시작해야 한다. 기본적인 노력은 모두 건너뛰고, 사다리도 없이 갑자기 지하에서 2층으로 올라가려 무모하게 시도한다면 어떻게 될까? 결국 현실과의 접점이 끊어지고 말 것이다.

다시 한번 말하지만, '남이 나를 어떻게 생각할까?'에만 마음을 빼앗기면 현실과의 접점이 끊어지기 쉽다. 다른 사람에게 잘 보이는 것이 중요한 이유는 자신의 뛰어남을 확신할 수 없기 때문이다. 또는 자기 행동에 대한 선악의 판단이 제대로 서지 않기 때문이다. 아이들 이야기를 해보자. 야단만 맞거나 칭찬만 들으며 성장한 아이들은 어른이 된 다음에도 자기 행동의 가치를 스스로 깨닫지 못한다. 내가 "아이를 야단치면 안 된다, 칭찬도 일단 접어두자."고 주장하는 이유다. 다른 사람의 인정 여부와 상관없이 자기 행동의 의미를 스스로 판단하게 해야 한다. 야단만 맞거나 칭찬만 들으며 자란 아이들은 '남들이 어떻게 생각할까?'에만 정신이 팔려 자기만의 인생을 살 수 없다.

부모가 자식의 앞길을 가로막는 방식도 비슷하다. '대학에 안 가겠다.'는 강한 의지를 갖고 있는 아이에게 요즘 세상에 대학도 안 나오고 어쩌려고 그러느냐는 식으로 부모가 제동을 거는 것이다. 부모의 반대에 상대방과 결혼하고 싶은 의지가 꺾이기도 한다. 온갖 이유를 가져다 대며 자녀의 독신주의에 강하게 반대하는 부모도 있다. 항상 부모에게 평가받고, 낯빛을 살피며 잘 보이려 애쓰는 사람도 자기 인생을 제대로 살아갈 수 없다는 의미에서 현실과의 접점을 잃어버린 셈이다.

이 설명으로 현실과의 접점을 잃고 남의 눈치만 보게 되면 "행동의 자유"가 현저히 방해받는다고 한 아들러의 주장을 충분히 이해했으리라 믿는다. 그렇게 되면 '하고 싶은 말'이나 '해야 할 일'을 못하게 되는 것이다. 남의 생각에 신경 쓰기 전에 자기가 할 일부터 판단해야 하는데, 그러지 못해 결국 적절한 시기를 놓쳐버리는 셈이다. 전철 안에 노인이 서 있는 상황을 예로 들어보자. 만약 그러고 싶다면 그냥 자리를 양보하면 되는데, 하필 이때 쓸데없는 생각을 떠올리고 마는 것이다.

'지금 자리를 양보하면, 어떻게 받아들일까?'

예전에 우리 아버지는 "난 아직 노인이 아닌데, 나한테 자리를 양보하더라."며 자주 화냈다. 그런 경험이 있다면 주저하게 될 수도 있다. 또는 주위 사람 눈치를 보며 이런 걱정을 할 수도 있다.

'양보하면, 혹은 양보하지 않으면 나를 어떻게 볼까?'

머뭇거리는 동안 정작 양보할 기회는 놓쳐버리고, 상대방은 전철에서 내려버린다. 그러니 하고 싶은 일이 있으면 다른 사람이 어떻게 볼까 눈치 보지 말고 실행할 수 있어야 한다. 그러지 않으면 행동의 자유를 잃어버리고 만다.

있는 그대로의 나를 받아들이기

일정한 한도를 넘어서면, 허영심은 매우 위험해진다. 실제 존재 Sein보다 겉으로 드러나는 외관Schein에 더 얽매이게 만듦으로써 도움이 안 되는 여러 가지 일이나 소비로 인간을 밀어붙인다. 또한 다른 사람이 자기를 어떻게 판단하는지에만 연연하는 것은 별개로 치더라도, 허영심은 결국 타인보다는 자기 생각을 더 많이 하게 만든다. 그로 인해 인간은 현실과의 접점을 쉽게 잃어버린다.

여기에서도 "현실과의 접점을 쉽게 잃어버린다."라는 표현이 쓰였다. 이 표현을 제대로 이해하려면 "도움이 안 되는 여러 가지 일이나 소비로 인간을 밀어붙인다."라는 앞의 문장을 참고해야 한다. 이를테면 '뛰어나 보이는 것'을 목표로 삼아 노력한다는 뜻이다. 실제로 뛰어나지 않으면 아무런 의미가 없는데도, 뛰어나 보이려고 애쓴다. 정말로 행복하지 않은데, 남에게 행복하게 보이기 위해 살아가는 것은 아무 도움이 안 되는 일이다. 나는 실제로 행복한 것이 훨씬 중요하다고 생각한다.

아들러는 허영심의 폐해에 대해 다음과 같이 말했다.

허영심 있는 사람은 통상적으로 어떤 실패의 죄를 다른 사람에게 떠넘기려고 시도한다. 자기는 항상 옳고, 다른 사람은 옳지 않다. 그러나 인생에서는 옳은 것이 중요하지 않다. 자기 문제를 다음 단계로 진전시켜 해결하고, 다른 사람의 문제도 해결하는 방향으로 이끌어주는 데 공헌하는 것이 중요하다.

허영심 있는 사람에게는 문제 해결보다 자신의 옳고 그름을 증명하는 일만 중요하다. 싸움이 벌어질 때도 문제 해결보다 어느 쪽이 옳은지 증명하려 조바심을 낸다. 가장 큰 폐해는 자기 실패에 남 탓을 한다는 것이다. 그럼으로써 문제에 대처해야 하는 상황을 회피하거나 머뭇거린다. 이런 사람은 어떤 상황에서도 사과하지 않을 것이다. 사과가 자신이 옳지 못하다는 사실을 증명한다고 생각하기 때문이다.

이런 사람들은 진심으로 실패의 원인이 자신 아닌 다른 사람이라고 생각한다. 아예 과거로 거슬러 올라가 '만약 내가 다른 교육을 받았다면, 인생이 이렇게 비참하지 않았을지도 모른다.'고 믿어버리기도 한다. 현재 자신이 살아가기 힘든 이유를 성격에서 찾기도 한다. 모두 가능성에만 매달려서 또다시 현실과의 접점을 잃어버리는 일이다. 다른 사람이 나를 어떻게 생각하는지에만 신경 쓰다 보면, 오로지 자기 생각만 하게 된다. 모든 관심이 자기 자신에게만 집중되는 것이다.

현실과의 접점을 잃어버리면 인생이 요구하는 것, 인간으로서 자기 인생에게 무엇을 줘야 하는지도 잊어버린다.

아들러의 표현을 빌리자면 허영심이 있는 사람은 '기대하는 사람', 그리고 '얻는 사람'이다. 영어로 말하면, 게터getter다. 주는give 것이 아니라 갖는get 사람. 다른 사람이 나에게 무엇을 해줄지에만 관심 있는 사람, 아들러는 그것이 바로 허영심이 강한 사람이라고 설명한다.

누구에게나 어느 정도 허영심이 있기 마련이다. 그러니 다른 사람이 나를 어떻게 생각하는지에만 초점을 맞추고 그 평가에 휘둘리기 전에 있는 그대로의 나를 받아들이기 위해 노력해야 한다. 아들러는 제안한다. 다른 사람의 평가에 얽매여서 남에게 잘 보이려 하거나 다른 사람의 기대에 부응하려 애쓰는 삶의 태도는 접어두자고. 그렇다면 어떻게 변하는 것이 좋을까? 여기에 대한 아들러의 주장은 마지막 장에서 살펴보겠다.

질투가 심한 성격

열등감에서 비롯되는 나약함

질투하는 사람은 다른 사람에게 적대적인 입장을 취한다. 고로 질투 역시 공격적인 성격 중 하나라고 할 수 있다.

질투는 연인 관계에서만 발생하지 않는다. 모든 인간관계에서 찾아볼 수 있다. 특히 어린 시절에는 다른 형제보다 뛰어난 사람이 되기 위해 야심의 감정과 더불어 질투도 자기 안에서 발전시키며, 그럼으로써 적대적이고 투쟁적인 입장을 드러낸다.

형제 관계는 우리의 성격 형성에 큰 영향을 미친다. 나는 손녀를 바라보며 이 사실을 실감했다. 큰손녀는 갑자기 태어난 남동생에게 부모를 빼앗긴 심정이었던 모양이다. 갑자기 24시간 보살림이 필요한 남동생이 나타나더니 자신에게도 "넌 이제 누나야."라며 급작스럽게 자립을 재촉하니 말이다. 이럴 때 동생에게 질투의 감정이 피어나면서 매우 강렬한 경쟁 관계의 싹이 자라난다. 첫째는 자기보다 다른 형제가 더 사랑받는 것 같을 때 특히 질투하는데, 이른바 '왕좌 폐위'를 경험한다고 볼 수 있다.

아들러의 표현을 빌리면, 질투는 열등감에서 비롯된 '나약함'이다. 자신 있는 사람은 질투하지 않는다. 상대를 자기 곁에 못 붙들어둘까 봐 불안하지 않기 때문이다. 자기가 형제들보다 뒤떨어질 수도 있다고 생각할 때, 가만있으면 부모의 애정이 자기 아닌 다른 형제에게 향할지도 모른다고 생각할 때, 자녀는 다른 형제에게 격렬한 질투심을 느낀다. 이것은 어른들의 연애에서 볼 수 있는 '질투'와 완전히 똑같은 구조다.

질투와 선망의 차이

'야심'이라는 단어로 '허영심'의 부정적인 어감을 살짝 누그러뜨림으로써 그 존재를 인정시키려는 것과 마찬가지로, 아들러는 《개인심리학 강의》에서 질투 대신 '선망'이라는 어휘를 사용했다.

우리의 생활 속에는 어느 정도 선망하는 마음이 있다. 약간 있는 정도면 해를 끼치지 않고, 지극히 평범한 현상이다. 그러나 선망은 유용한 것이어야 한다. 선망으로 말미암아 일을 긍정적으로 진전시키고, 문제에 직면할 수 있어야 한다. 그렇게 된다면 선망은 무익한 감정이 아니다. 따라서 우리 모두 갖고 있는 아주 작은 선망은 너그럽게 봐줘야 할 것이다.

경쟁자와 굳이 싸울 필요는 없다. '저렇게 되고 싶은' 선망의 대상이 존재하더라도 그 사람과 똑같아질 수 없다는 사실을 인정하고, 싸우지 않는다면 해로울 것이 없다. 그런 사람의 존재 덕에 의욕이 생긴다면, 오히려 허용해도 괜찮다고 아들러는 생각했다.

대학의 그리스 철학 연구소에 들어갔을 때, 나는 놀라울 정도로 우수한 동료들의 존재에 큰 충격을 받았다. 연구실에는 나보다 훨씬 뛰어난 사람이 여럿 있었다.

'나도 저렇게 되고 싶다. 선배들처럼 고대 그리스어로 쓰인 문헌을 현대어처럼 술술 읽을 수 있으면 좋겠다.'

이렇게 생각했다. 지금 와서 돌이켜보니, 그것은 질투가 아니라 '선망'이었다.

질투는 '불신감'에서 비롯된다

질투하는 사람은 실력이 없는데도 다른 사람과의 경쟁에서 이기려고 애쓴다. 무익하고 무모하다고까지 하지는 않겠지만, 스스로에게 엄청난 노력을 강요한다. 아들러는 이렇게 분석했다.

질투는 여러 형태로 표출된다. 그것은 불신감, 몰래 살피며 가늠하는 행동, 경시당하지는 않는지 끊임없이 두려워하는 모습으로 드러난다.

'불신감'은 연인이나 배우자 같은 상대를 믿지 못하는 마음이다. 나보다 다른 사람을 더 사랑하지는 않을까 노심초사하며 불신감을 품는다. '몰래 살피며 가늠하는 행동'은 조금 이해하기 힘든 소리일지 모르겠다. '가늠한다.'는 자기와 상대방을 '비교한다.'는 의미다. '살핀다.'는 말은 호시탐탐 기회를 엿본다고 할까, 상대의 행동을 몰래 지켜보며 자기와 타인을 비교하는 것이다. 그러면서 끊임없이 어느 쪽이 더 사랑받는지 저울질한다. 또 아들러는 자신이 우습게 보이지는 않는지 두려워하는 것도 질투의 현상이라고 보았다.

질투하는 사람은 상대를 폄하하거나 지배하기 위해 누군가를 속박하려 노력하며, 그 사람의 자유까지 제한하려 든다.

아들러는 질투하는 사람이 상대방을 "사랑이라는 핑계로 옥죄려 든다."고 말했다. 행동을 제한하며 상대를 옭아맨다. 자신이 없기 때문에 상대를 끊임없이 자기 감시 아래 두려 하는 것이다. 인간은 과연 어떨 때 사랑받는다고 느낄까? 개개인마다 조금씩 다르겠지만, 첫 번째는 상대가 나를 한없이 자유롭게 해 준다고 느낄 때 아닐까? 너무 속박하는 바람에 오히려 상대의 마음이 멀어지는 일은 아주 흔하다.

'질투'는 어른이 되어야 비로소 생기는 감정이 아니다. 어린 시절부터 형제들 사이에서도 반복적으로 일어나는 감정이다. 질투하는 사람은 어른이 되어서도 상대를 바꿔가며 그런 관계를 되풀이한다.

미움과 적의로 가득한 성격

왜 미워하는 것일까?

미움이라는 감정은 다양한 적을 공격할 수 있다. 적은 눈앞에 놓인 과제일 수도 있고 각 개인이나 국민, 계급, 이성, 나아가 인종일 수도 있다.

약 100년 전에 출간된 책이지만, 아들러의 《성격심리학》에는 오늘날에도 자주 제기되는 현대적인 문제들이 극명하게 드러나 있다. 악의를 가진 사람과 마주한다면, 당연히 그 사람에게 적의가 생기기 마련이다. 이런 상황에서는 상대가 명확하다. 다시 말해 개인과 개인 사이의 문제라면, 미움은 특정 인물에게로 향한다. 그러나 미움의 대상이 인종 혹은 어느 나라라면 그 대상은 절대 명확할 수 없다.

그런 예가 현저히 드러나는 상황이 바로 전쟁이다. 전쟁에서는 미움의 대상이 명확하지 않다. 제2차 세계대전 당시 일본에서는 '귀축미영 鬼畜米英(마귀와 짐승 같은 미국·영국)'이라는 표현을 썼다. 미국인과 영국인은 마귀나 짐승이라는 캠페인도 전개되었다. 그런데 일반적으로 미국인이나 영국인이라고 지칭하면 대상이 명확하지 않고, 그렇기 때문에 특정 인물을 미워할 수 없다. 그런 점에서 '귀축미영' 캠페인은 일본 국민에게 더 깊은 미움의 감정을 심기 위해 실시된 셈이다.

가까운 동아시아 국가들을 예로 들자면, 한국인이나 중국인 전반을 미워하는 일은 불가능하다. 일본인이라는 이유만으로 중국에서 얻어맞는 일은 없을 테고, 일본에 관광 온 중국인에게 일본인이 증오를 느끼기도 어려울 테니까. ('느낄 리 없다.'는 단정적인 표현을 쓸 수 없는 오늘날의 현실이 매우 안타깝다.)

어느 나라의 국민을 전반적으로 미워하는 사람이 있다면, 분명 그 나라에 개인적으로 친한 사람이 없을 것이다. 한국인 친구가 있는 사람이라면 그 친구를 한국이라는 나라의 사람, 한국에 소속된 사람으로만 보지 않을 것이기 때문이다. 다른 나라 사람을 구체적으로 '이 사람', '저 사람'으로 의식할 수 없는 사람들이 '중국인'이나 '미국인', 또는 '한국인'을 추상적 이미지만으로 미워하는 것이다. 앞의 인용문을 이어서 살펴보자.

미움의 감정이 항상 직선적이거나 분명한 것은 아니다. 때로는 베일에 싸여 있다. 때로는 비판적인 태도라는, 보다 세련된 형태를 취하려 한다는 사실을 절대 잊어서는 안 된다.

"세련된 형태를 취하려 한다."는 말은 정말 세련되었는지 아닌지는 제쳐두고, 다른 누군가를 비판할 때 내심 미움의 감정이 숨어 있다는 의미다. 처음에 설명한 허영심과 마찬가지로, 미움 역시 감정을 그대로 드러내는 것이 별로 바람직해 보이지 않으므로 '나는 상대를 미워하는 것이 아니라 단지 비판하려는 것뿐이다.'라고 포장하는 것이다.

인터넷 속에서 이런 모습을 많이 볼 수 있다. 인터넷에서는 냉정한 대화가 이뤄지지 않고 상대의 비판에 급급한 모습을 보기 쉽다. 이럴 때는 무슨 내용이냐보다는 누가 한 말인가가 실질적인 문제가 되기도 한다.

'비판한다.'의 본래 의미는 '지금 무슨 이야기를 나누고 있는가, 그것이 어떤 뜻인가.'에 관해 서로 토론하고 대화하는 것이다. 면밀히 살펴보고, 그 결과 만약 문제가 있다면 해결하자는 의도일 것이다. 그럼에도 상대를 몰아붙이고 규탄하기에 바쁘다면 그 뒤에 미움이라는 감정이 뿌리내리고 있을 가능성이 높다.

자기 중심적 사고 뒤에 숨어 있는 적의

'적의'는 '미움'에서 분화된 감정이다.

적의의 감정이 특히 잘 감춰진 현상이나 형태는 행위자가 부주의로 인해 공동체 의식이 부여하는 모든 고려를 무시함으로써 야기되는 사태 처리와 손해다.

아들러는 쉽게 떨어질 가능성이 있는 화분을 창가에 놔두는 것은 지나가는 사람을 조준해 집어던지는 행위와 다르며, '부주의'일지도 모르지만 그런 부주의한 행동에조차도 "범죄자 같은 적의가 바탕에 깔려 있음을 놓쳐서는 안 된다."며 엄격한 태도를 보였다.

적의가 있는 행동 양식에는 무의식적이라 하더라도 의식적일 때와 맞먹을 정도의 적의가 깔려 있다. 이 사실은 의심할 여지가 없다.

이러한 태도의 이면에는 자기의 개인적이고 작은 욕구를 다른 사람의 행복이나 불행보다 중시해서 남에게 위험이 닥칠 가능성을 무시하는 심리가 숨어 있다는 것이다. 지나친 과속으로 많은 사람을 죽이고 다치게 만든 운전자에게 왜 그렇게 과속했느냐고 물으면 이렇게 변명한다.

"중요한 약속이 있었다."

아들러는 이처럼 자신만의 개인적이고 작은 욕구를 타인의 행복이나 불행보다 중요시해서 남에게 발생할 수 있는 위험을 묵인하는 사람도 다른 사람에 대한 적의로 가득한 사람이라고 말했다.

아마 좋은 의도를 갖고 있는 사람도 이런 상황에서는 철저하게 개인적으로 방어할 수밖에 없다는 확신으로 가득 차 있을 것이다. 그럴 때 개인적인 방어가 다른 사람을 해치는 결과로 이어지는 것은 대체로 묵인된다.

지금 같은 코로나의 소용돌이 속에서는 많은 사람이 '스스로 나 자신을 지킬 수밖에 없다, 방어할 수밖에 없다.'고 생각할 것이다. 문제는 이런 생각이 다른 사람을 해칠 가능성이 있다는 것이다. 코로나 비상사태에서는 '자숙경찰自肅警察(긴급사태 선언 이래 외출이나 영업을 자숙해달라는 요청에 응하지 않는 개인이나 가게에 대해 개인적으로 단속하는 일반 시민을 가리키는 말)'이나 '코로나 경찰'이라는 말이 사용되고는 한다. 이런 상황에서 감염자에게 드러내는 적의도 아들러가 한 말의 사례가 될 수 있으리라. 아마 의도 자체는 좋을 테고, 감염되고 싶어 하지 않는 정도까지는 딱히 잘못이라고 할 수는 없지만, '방어'가 너무 지나쳐서 선을 넘어버리면 '적의'로 바뀔 가능성이 있는 것이다.

때로는 그러한 일들이 자동적으로 일어난다. 집단의 정신은 늘 작동하고 있으며 최대한 자기를 지키려고 하기 때문이다.

다른 나라의 침략에 대비해야 한다고 생각하는 사람은 자위 혹은 정의를 위해서라면 전쟁도 허용할 수 있다고 생각할 것이다. 그런 신념을 갖고 있다면 진지하게 고민해보라. 개인과 국가, 국가와 정부의 차이조차 고려하지 않고 전쟁을 국가 단위로만 받아들이는 사람이 많기 때문이다. 제2차 세계대전을 겪지 않고 세상을 떠났지만, 제1차 세계대전의 경험 때문에 아들러 역시 이런 문제에 틀림없이 매우 민감했을 것이다.

자신감이 없어서 질투하는 것일까요?

> **Q** 저는 질투하는 경향이 있고, 그 점이 괴롭습니다. 이런 나 자신을 어떻게 수용해야 할까요. 그리고 선생님 말씀대로 자신감 부족이 질투로 이어지는 것일까요?

 가만있으면 상대의 마음이 나한테서 멀어져 다른 사람한테가 버릴지도 모른다는 생각이 들면, 무슨 수를 써서든 붙잡아두려고 하겠죠. 마음이 그런 상태일 때는 상대에게서 예상을 뒷받침하는 듯한 말과 행동만 보입니다. 스스로를 불신하면, 상대의 모든 행동이 조만간 떠나버리리라는 확신을 뒷받침하는 언행으로 비치고요. 하지만 다른 사람과 나를 비교해봐야 아무런 소용이 없습니다. 나는 나일뿐 다른 누구도 아닙니다.

어릴 때부터 다른 사람과 경쟁하고, 늘 자신을 타인과 비교하며 자라난 사람은 '지금 이대로의 나로 머물러서는 안 된다.'는 잘못된 믿음을 지닌 경우가 많습니다. 그러나 어찌 됐든 나는 다른 사람이 될 수 없습니다. 나는 나일뿐입니다. 그러니 내가 할 수 있는 일은 두 가지입니다.

첫 번째로 상대가 이런 나를 받아들여주느냐 마느냐 하는 문제는 온전히 상대에게 맡길 것. 사랑받기 위해 상대의 기대를 채

워준다고 한들 그 사람은 나 자신이 아니니까요. 두 번째로 나는 지금 이대로도 괜찮다고 생각하는 것입니다. 있는 그대로의 나를 받아들이느냐 마느냐 하는 결정은 상대에게 맡길 수밖에 없습니다. 그것이 출발점입니다.

 Q 어떻게 해야 '있는 그대로의 나'라도 괜찮다고 확신할 수 있을까요?

A '자신감'이란 무엇인지 깊이 생각해볼 필요가 있습니다. 우리는 어떨 때 가장 자연스러울까요? 아마도 특별히 애쓸 필요가 없을 때일 것입니다. 편안한 사람의 곁에 있다면 딱히 근사한 대화를 나눠야 한다는 생각도 하지 않을 것입니다. 이 사람 앞에서는 평범하고 자연스럽게 있어도 된다고 생각하는 것, 그것이 바로 자신감입니다.

자신감을 가져야 한다거나 자신감이 없으면 안 된다는 생각에 사로잡히면 왠지 엄청난 사람이 되어야 한다는 오해가 생길지도 모릅니다만, 그게 아니라 '이 사람 앞에서는 멋진 모습을 보이지 않아도 괜찮구나.' 생각하는 것이 중요합니다. 그러면 허영심도 질투도 생기지 않습니다. 이런 목표라면 그렇게 어려운 일은 아니겠지요.

소극적·불안함·두려움

방어형은 과제에서 도망친다

2

방어형 성격의 특징

이번 장에서는 아들러가 '방어형'이라고 분류한 성격에 관해 분석해보겠다.
'소극적인 성격.', '쉽게 불안해지는 성격', '겁 많은 성격' 등이 여기에 해당한다.
아들러는 이 같은 방어형 성격의 특징을 '적의가 있는 고립'이라고 설명했다.
"모든 사람과 사물을 두려워하고, 터무니없는 불신감을 품고, 다른 사람에서
오로지 적의만 기대한다."
많은 사람이 모인 공간에 있을 때, 누군가 나에게 적의를 품고 있지 않을까
하는 생각으로 불안해하는 것이다. 그런 사람은 아무래도 고립될 수밖에 없다.
아들러는 이런 사람들이 단순한 고립이 아니라 '적의가 있는 고립'에 처한다고
생각했다.
'적의가 있다.'는 표현이 좀 지나치게 들리는가? 가령 사람이 많이 모인 자리에서
전혀 입을 열지 않는 사람이 있다면, 그가 말하지 않는 이유는 무엇일까?
부주의하게 다른 사람과 관계 맺었다가 공격당하거나 상처 입을 바에는 차라리
입을 다물어버리는 것이 낫다고 생각하기 때문이다. 바람직한 의사소통
방식이라면 남에게 상처를 줄 리 만무한데, 내가 설령 그런 태도를 취하지
않더라도 상대가 나에게 상처를 입힐지 모른다며, 마찰을 두려워해 아예 입을
닫아버리는 것이다.

그런 사람이 집단 속에 있다면, 어떤 일이 벌어질까? 도통 무슨 생각을 하는지 알 수 없는 사람의 존재는 무척 신경 쓰이기 마련이다. 이에 주위 사람들은 '늘 소극적으로 조용히 있는데, 저 사람이 무슨 생각을 하는지 도무지 알 수가 없다.'고 신경 쓰며 어쩔 줄 몰라 한다. 스스로 선택한 의사소통 방식이 다른 사람과의 관계를 깨뜨리는 결과를 낳는 셈이다.

"적의는 전체적으로 휘어지며 흐르기에 에두른 길을 선택한 것처럼 보인다." 분명 직접적으로 공격하는 것은 아니지만, 에두른 길을 선택함으로써 주위 사람을 불쾌하게 만드는 결과를 낳는다.

고립을 선택한 사람은 협력도 하지 않는다. 그렇지만 인간은 혼자 살아갈 수 없는 존재다. 다른 사람과 협력해야만 살아갈 수 있다. 그럼에도 불구하고 어떤 사람들은 고립을 고집하며 다른 사람과의 협력을 거부한다. 타인과 거리를 두고, 어떤 결속도 회피하며 고립된다. 아들러는 그런 사람들이 남에게 직접적으로 해를 입히지는 않지만, 공격적인 사람과 마찬가지로 적의를 갖고 있다고 분석한다.

소극적인 성격

'이해받을 수 없을 것'이라는 잘못된 믿음

'소극적'이라고 했지만, 솔직히 뭐라고 번역해야 좋을지 아주 많이 고민했다. 원어는 추뤼크초겐하이트Zurückgezogenheit 라는 단어다. 동사는 추뤼크치헨zurückziehen 으로 '뒤로 잡아당기다.'라는 뜻인데, 이것을 '앞으로 나서지 않고 뒤로 물러나다.'라는 의미로 해석해서 소극적이라고 표현했다.

소극성은 여러 형태로 표출된다. 소극적인 사람은 거의 또는 전혀 말하지 않는다. 다른 사람을 쳐다보지 않고, 이야기에 귀 기울이지도 않으며, 말 걸어도 주의를 집중하지 않는다. 모든 관계에서, 가장 단순한 관계에서조차, 냉담함이 드러나며 사람들을 서로 갈라놓는다.

'소극적'이라는 단어가 호의적인 인상을 줄지도 모르겠다. 그렇지만 어떤 말에도 전혀 대꾸하지 않거나 아예 듣는 체도 하지 않는 사람을 떠올려보라. 남의 이야기에 전혀 귀 기울이지 않고, 말 걸어도 무시하거나 주의를 기울이지 않는 사람 말이다. 그 사람이 '적의가 있는 고립' 상태에 놓여 있다는 아들러의 설명 의도를 충분히 이해할 수 있을 것이다. 그 사람은 대체 왜 고립되어 있을까? 그런 사람들에게는 고립되어 있는 아주 분명한 목표가 있다. '나는 특별하다.', '나는 뛰어나다.'라는 사실을 증명하고 싶다는 목표다.

적극적으로 적의를 드러내지는 않지만, 그 누구도 나에 대해서 이해하지 못한다며 다른 이들을 증오하는 사람들도 있다. 자기가 스스로의 감정이나 상태에 대해 어떤 이에게도 설명하지 않았으면서, 자신이 지금 무슨 생각 중인지 아무도 이해하지 못한다고 다른 사람들을 탓하는 것이다.

아무리 생각해도 이상한 일이다. 자기가 무엇을 느끼고, 어떻게 생각하는지 다른 사람들이 이해해주기 바란다면 고립되어 있어서는 안 된다. 자기 생각을 분명하게 설명해야 한다. 그렇지만 고립을 선택한 사람은 다른 사람들에게 자기 생각을 설명하지 않는다. 설명하지 않으면 아무에게도 이해받지 못할 테지만, 고립된 상태를 고집하기 때문에 결과적으로 자기가 옳다고 확신해버린다. 그런 사람은 누구에게도 지지받지 못하는 상황을 자기가 옳다는 증거로 받아들인다.

대인관계에서 도망치기 위한 태도

이런 태도가 유난히 두드러지는 현대의 사건이 옴진리교 사건이다. 궁지에 몰린 사이비 종교의 교주가 자신을 지지하는 신도들을 몰아붙여서 충격적인 테러 행위로 치닫게 만든 사건 말이다.

자신들의 교의가 받아들여지지 않자 옴진리교 신도들은 그런 상황 자체가 자기들 종교의 정당성을 증거한다고 믿었다. 그런 종교 단체를 궁지로 내몰면 안 되는 까닭이다. 같은 맥락에서 위험하게 여겨지는 국가와의 외교 통로를 끊어버리고 완전히 고립시키는 것도 매우 위험하다.

스스로 목숨을 끊으려 하는 사람들에게 가장 도움이 되는 것도 고립되지 않도록 돕는 것이다. 누구 한 사람이라도 자기를 이해해준다는 사실을 알면, 자신이 하려는 행동의 잘못을 깨달을지도 모른다. 고립된 채 '나는 잘못되지 않았다.'고 믿어버릴 만큼 사람을 궁지로 내몰면 안 된다.

아들러는 가능한 모든 표현을 동원해 '고립'을 설명했다. 주변에 다른 사람을 밀어내는 듯한 태도를 취하는 사람이 있는가? 그 사람이 진심으로 고립되고 싶어 하지는 않음을 알아채야 한다. 인생의 과제, 요컨대 대인관계에서 도망치기 위해 소극적인 태도를 취하는 것임을 이해해야 한다.

쉽게 불안해지는 성격

왜 불안할까?

주변 세계에 적대적인 사람들에게서는 드물지 않게 불안의 특징이 발견된다.

아들러는 여기에서도 '적대적'이라는 어휘를 사용했다.

그것은 인생을 이루 말할 수 없이 고통스럽게 만든다. 그뿐만 아니라 자신을 타인으로부터 배제시킴으로써 평화로운 삶과 성과를 얻을 만한 행동의 기초를 획득할 수 없는 방향으로 나아가게 만든다. 두려움이 인간 생활의 모든 관계에 영향을 미치기 때문이다.

'불안'이라는 감정을 만들어내는 사람에 관한 설명은 이렇게 시작된다. 이를테면 대인관계 같은 인생의 난제에서 도망치려는 마음이 불안이라는 감정으로 이어지는데, 여기에서 한발 더 나아가 이 감정을 인생의 과제에서 도망치려는 결심의 버팀목으로 삼는다는 것이다. 타인과의 유대가 없으면 관계 때문에 생기는 마찰도 없으니 더 살기 쉽고 편하리라 생각하는 사람도 있겠지만, 다른 사람과의 관계를 모두 끊어버리면 애당초 행복한 삶은 불가능해진다.

다시 한번 이야기하지만 아들러는 "모든 고민은 대인관계의 고민이다."라고 말했다. 다른 사람과 교류하면 상처 입을 수밖에 없다. 마찰을 피하고 싶어서 대인관계에서 도망치려는 사람이 있더라도 이상하지 않다. 그렇지만 아들러는 "살아가는 기쁨"이라는 표현도 사용했다. '살아 있어서 다행'이라고 생각하는 것도, 행복해지는 것도 다른 사람과의 관계 속에서만 얻을 수 있다. 아들러는 "자신을 타인으로부터 배제"시켜버리면 살아가는 기쁨이나 행복 또한 얻을 수 없다고 말하고 싶었던 것이다. 이에 "평화로운 삶과 성과를 얻을 만한 행동의 기초를 획득할 수 없는 방향으로 나아가게 만든다."고 한 것이다.

나는 지금 두려운 걸까, 불안한 걸까?

아들러는 '불안'과 '두려움'을 거의 동의어처럼 사용했지만, 굳이 구별하자면 '두려움'에는 구체적인 대상이 있다. 커다란 개가 다가오면 공포를 느끼고 도망치게 될 것이다. 반면 불안에는 특정한 대상이 없다. 이렇다 할 대상은 없지만 왠지 모르게 불안하다. 이에 불안할 때는 곧바로 행동을 취하지 않기도 한다.

몰두해야 할 과제를 바로 앞에 두고 불안해하는 사람은, 아들러의 표현을 쓰자면, "머뭇거리는 태도"를 취한다. 낯선 사람과 관계를 맺어도 괜찮을지 망설인다. 불안은 특정한 대상을 필요로 하지 않는다. 불안만으로도 주저하는 태도를 취함으로써 과제로부터 도망칠 수 있기 때문이다. 최소한 적극적으로 몰두하지 않아도 된다. 불안한 사람은 그 목적만 달성하면 그만이다.

인생의 과제에서 도망치기 위한 불안

일단 인생의 난제에서 도망치는 관점을 획득하면 이 관점은 불안이 덧붙여짐으로써 강화되고, 확실한 것으로 자리 잡는다. 실제로 무언가 하려고 계획할 때 맨 처음 일어나는 감정이 항상 불안이라고 말하는 사람이 있다. 본가에서 독립하거나 동반자와 헤어지거나 직장에 취직하거나 혹은 사랑에 빠질 때가 그렇다. (중략) 익숙한 상황을 달라지게 만드는 어떤 변화든 불안을 야기하는 것이다.

"인생의 난제에서 도망치는 관점"이란 무엇일까? 만약 곤란한 문제에 부딪칠 때마다 도망치려고만 하는 사람이 있다고 가정해보자. 인생의 과제에서 도망치겠다는 이 사람의 결심은 '불안'이라는 감정과 하나 되어 더욱더 강화된다. 다시 말해 '이렇게 불안하니 과제에서 도망쳐도 된다.'고 합리화하는 것이다. 불안이라는 감정은 이런 식으로 사용된다.

독립하거나 동반자와 헤어지거나 이직하거나 혹은 사랑에 빠지는 상황이 펼쳐진다면 당연히 기존 생활에 변화가 있기 마련이다. 그런 변화를 두려워하는 사람도 불안에 지배당하는 것은 매한가지다. 집 밖으로 전혀 나가려 하지 않는 사람을 떠올려보자. 밖으로 나가려 하지 않는 이유는 단 한 발짝이라도 나서면 어떤 상황과 맞닥뜨릴지 예측 불가능하기 때문이다.

"동반자와 헤어지거나"라는 문장에서의 '동반자'는 딱히 인생의 파트너를 가리키는 것이 아니다. 동반자와 함께 다닐 때는 아무 생각 없이 그저 따라다니기만 하면 된다. 그러다 헤어지면 모든 판단을 스스로 해야 한다. 지금까지와 상황이 완전히 바뀌어버리는 셈이다. 이직하려 해도 새로운 회사에서는 무슨 일이 일어날지 예측할 수가 없다. 다니던 직장에 머무르는 편이 좋을지도 모른다는 생각에 망설이고 만다. 사랑에 빠질 때도 다르지 않다. 연애 감정 자체는 기쁘지만, 막상 누군가와 사귀기 시작하면 기존의 생활 패턴이 바뀔 수밖에 없다. 그런 변화가 달갑지 않은 사람은 실제로 사랑에 빠지거나 취직하기 전에 불안이라는 감정을 만들어냄으로써 그 과제에서 도망치려고 한다.

이런 사람은 세상과 최소한의 유대만 맺고 있기 때문에 익숙한 상황이 조금이라도 달라질 듯하면 매우 두려워한다.

쉽게 불안해지는 사람들은 지금 사귀고 있는 사람과 헤어지면 영원히 아무도 사랑할 수 없을지 모른다거나 지금 일을 그만두면 영영 다음 기회가 오지 않을 것이라는 잘못된 확신을 품고 있다. 그러면서 점점 더 심각한 불안에 시달린다.

불안은 극심한 공포와는 달라서 아마 바로 두려움에 떨거나 인생의 난제에서 도망치려고 하지는 않을 것이다. 그러나 그들

의 발걸음은 서서히 속도가 느려지고, 온갖 핑계와 변명을 찾아
낸다.

변화 앞에서 막연히 불안해하는 사람은 과제와 적극적으로
마주하려 들지 않기 때문에 발걸음이 차츰 느려지는 것이다. 이
들은 과제로부터 도망치기 위해 온갖 변명과 핑계를 찾아낸다.
아들러가 말하는 '머뭇거리는 태도'가 바로 이것이다. 이런 사
람의 특기는 변명이다.

"네, 알았어요. 하지만⋯⋯."

이 사람들은 이런 표현을 자주 쓴다. 가장 먼저 과제에 몰두
하지 않겠다고 결심해버리기 때문에 그 뒤로는 안 될 이유만 열
거하고, 결국 "하지만⋯⋯."이라며 핑계를 댄 다음 그 상태에서
움직이려 하지 않는다. 할까 말까 하는 마음이 반반인 것이 아
니고, 아예 처음부터 '안 하겠다.'고 결심한 셈이다. 아들러는 이
런 사람들이 불안이라는 감정을 과제 회피를 위한 변명과 구실
로 삼은 것이라고 말한다.

이런 사람은 자주 과거나 죽음에 관해 생각한다.

과거 체험이 트라우마로 남았다고 말하는 사람이 있다. 나 역

시 자기 의지에 반하는 행동을 강요당할 때 마음이 병들 수 있다고 생각한다. 'PTSD외상 후 스트레스 장애'나 '트라우마'라 불리는 정신 상태가 존재하지 않는다고 주장하는 것은 결코 아니다. 정신과 의사였던 아들러도 당연히 그런 환자에 대해 알았을 것이다. 이 문맥에서 이해해줬으면 하는 점은 트라우마가 될 정도로 고통스럽지는 않았더라도, 과거의 실패 경험을 이유로 내세워 '보나마나 또 잘 안 풀릴 거야.'라고 생각한다는 것이다. 그렇게 어떤 일의 시작을 망설이는 것이다. 극단적인 상황에서는 죽음까지 생각하며, 직면해야 할 과제에서 도망쳐버린다.

아무 일도 안 하기 위한 구실을 찾아내는 사람에게서는 역설적이게도 죽음이나 병을 극심하게 두려워하는 경향이 드물지 않게 나타난다.

뜨끔하는 사람이 있을지도 모르겠다. '모든 것이 부질없다, 인생은 너무 짧다, 아무리 애쓴들 인간은 어차피 죽는다.' 이렇게 생각하는 사람도 있을 것이다. "무언가 큰일을 이루기에는 우리 인생이 너무나 짧다."고 핑계 대는 사람, 죽음이나 병을 아무 일도 안 해도 된다는 변명으로 내세우는 사람도 있다. 이런 사람들에게 아들러는《개인심리학 강의》에서 이렇게 답했다.

인생은 끝이 있지만, 살 만한 가치가 있다고 느낄 만큼은 충분히 길다.

불안에는 '상대역'이 있다

각도를 살짝 바꿔서 카운슬링 시점에서 '불안'을 살펴보자.

원시적 형태의 불안은 혼자 남겨지면 늘 불안의 징후를 드러내는 어린아이에게서 찾아볼 수 있다. 그러나 불안을 호소하는 그 아이 곁으로 누군가 다가가도 아이의 갈망은 절대 채워지지 않는다.

아이를 키워본 사람은 잘 알 것이다. 육아 경험이 없다면 자신의 어린 시절을 떠올려보자. 한밤중에 문득 눈을 떴는데, 부모가 자기 곁에 없다. 분명히 함께 잠들었던 아빠나 엄마가 곁에 없고, 방의 불도 꺼져 있다. 그럴 때면 아이는 불안해하며 부모를 찾고 "어둠이 무섭다."고 호소한다. 방에 불을 켜두면 괜찮은가 하면, 그렇지도 않다. 아이들은 왜 이렇게 무서움을 호소

할까? 부모가 자기를 보살피게 만들고, 자기 뜻대로 부모를 휘두르며 지배하고 싶기 때문이다. 이것이 바로 '숨겨진 목표'다. 아이들이 거기까지 의식하지는 못하겠지만, 때에 따라서 큰 목소리로 울부짖는 행동에는 부모를 지배하고 싶은 심리가 숨어 있다. 그것이 불안의 감정을 만들어내는 목적인 셈이다.

물론 아이들만 불안을 호소하는 것은 아니다. "나는 불안에 사로잡혀 있다."고 이야기하는 사람의 불안에는 반드시 '상대역'이 있다고 아들러는 생각했다. '상대역'이란 아들러가 사용한 심리학 용어다.

성인에게도 이런 증상을 발견할 수 있다. 혼자서는 외출하지 못하는 사람들을 예로 들 수 있다. 거리에서 자주 보이는 유형이다. 그들은 불안한 듯 잔뜩 긴장한 채 사방을 둘러보며 그 자리에서 움직이지 않거나, 또는 나쁜 적에게서 도망치듯 거리를 뛰어간다. 때때로 다른 사람에게 도와달라고 부탁하기도 한다. 이런 사람들은 병이 있는, 약한 사람이 아니다. 평소에는 상태가 매우 좋고 대다수 사람들보다 건강하지만, 약간의 곤란과 마주하면 곧바로 불안 발작을 일으킨다. 그리고 집 밖으로 나가자마자 안전하지 않다고 느끼고 불안해한다.

이러한 증상을 호소하는 환자들은 대부분 "불안 발작을 고치고 싶다."고 간청하지만, 아들러 학파 카운슬러나 정신과 의사는 그런 간청에도 증상을 제거하려 들지는 않는다. 증상 제거를 상담의 목표로 삼지 않는다는 뜻이다.

아들러 학파에서는 상담이 몇 년씩 이어지지 않는다. 비교적 단기간에 끝난다. 일주일에 한 번 꼴로 상담한다고 가정하면 대개 3개월 정도에 종결한다. '이 상담은 어떤 목표를 달성함으로써 끝낼 것이다.'라는 목표를 처음부터 환자와 함께 세운다. 이런 목표 없이 무작정 시작하면 상담 중 대부분 막다른 길목에 막혀서 교착 상태에 빠져버리기 때문이다.

아들러 학파의 상담 목표는 불안 발작의 제거가 아니라 '대인관계 개선'이다. 한마디로 환자를 둘러싼 대인관계가 원만해지도록 돕는 것이다. 불안해하는 환자와 대화하다 보면 예외 없이 어떤 특정한 사람이 등장하는데, 그 사람이 바로 '상대역'이다. 즉, 불안 발작은 누군가를 향한 증상이다. 불안 발작은 마음속이 아니라 대인관계 속에서 일어난다는 것이 아들러 심리학의 기본적인 사고방식이다. 그러므로 문제가 되는 불안이 누구에게로 향하는지 면밀하게 파헤친다. 상대역이 분명해지면, 상담 과정에서 그 사람과의 대인관계 개선을 집중적인 화제로 삼는다.

증상 제거를 목표로 삼지 않는 이유는 '상대역'과의 대인관계에서 환자 자신이 그 증상을 필요로 하기 때문이다. 아들러의 표현을 빌리자면, 대인관계가 바뀌지 않는 한 한 가지 증상이 사라졌다고 해도 '아무런 망설임도 없이 또 다른 증상을 만들어 내는 결과'로 이어질 수 있다. 따라서 환자가 증상을 '사용할' 필요가 없는 대인관계를 만들어갈 수 있도록 돕지 못한다면 진정한 해결에 이를 수 없다고 보는 것이다.

'좁은 방'에 갇힌 외톨이들

불안을 아주 심하게 호소하는 사람은 '광장공포증'에 걸리기도 한다. 《심리학이란 무엇인가》, 《오늘을 살아갈 용기, 아들러 심리학》에는 아래 같은 내용이 나온다.

이 증상은 '나는 너무 먼 곳까지 가면 안 된다. 익숙한 상황에 머물러 있어야 한다. 인생 도처에는 위험이 도사리고 있기 때문에 그것을 피해야 한다'.는 확신의 표현이다. 이런 태도를 일관되게 유지한다면, 인간은 방 안에 틀어박히거나 침대로 파고들어 나오지 않을 것이다.

이른바 '은둔형 외톨이'다. 2장 서두에서 '소극적'이라고 번역한 추뤼크초겐하이트 Zurückgezogenheit 라는 독일어에는 '은둔형 외톨이'라는 의미도 있다.

'광장공포증'이란 적의가 있는 다른 사람에게 박해의 표적이 되었다고 믿는 증상을 가리킨다. 다른 사람에게 박해의 표적이 된 나는 그 박해로부터 도망치기 위해 어딘가에 틀어박혀 있을 수밖에 없다. 침대 속에 들어가서 나오지 않아야 한다, 그 방법밖에 없다고 생각한다. 그렇지만 바깥세상이 무섭고, 다른 사람이 나를 적대시하며 자신이 박해의 표적이 되었다는 것은 어디까지나 환자의 설명일 뿐이다.

아들러는 '밖에서는 주목받지 못하기' 때문에 안에 틀어박히려 한다고 해석했다. 한밤중에 잠에서 깬 아이와 마찬가지다. 집에 있는 아이가 불안을 호소하면 가족은 보살펴줄 수밖에 없다. 그러면 아이는 세상의 중심에 자리 잡을 수 있다. 그런데 아들러의 표현에 따라 '좁은 방'에서 일단 밖으로 나오면, 수많은 사람 중 하나일 뿐 세상의 중심이 될 수는 없다. 아들러는 그런 상황이 달갑지 않아 회피하려는 사람이 좁은 방에 틀어박히고, 그렇기 때문에 '광장공포증'에 걸리는 것이라고 말했다. 아들러는 같은 책에서 오이디푸스 콤플렉스도 광장공포증과 같은 종류라고 단언했다.

소위 말하는 오이디푸스 콤플렉스도 실제로는 신경증 환자의 '좁은 방'의 특별한 예에 불과할 뿐이다.

아들러의 전기를 읽어보면 아버지와의 관계는 매우 가까웠던 반면, 어머니와는 거리감을 느꼈다고 한다. 오이디푸스 콤플렉스는 아니었던 셈이다.

신경증 환자는 좁은 방을 만들고, 문을 닫아걸고, 자기 인생을 바람과 햇볕은 물론 신선한 공기로부터 차단시키며 살아간다.

역시 앞의 책의 인용이다. 방 안에 있는 한, 강풍과 맞닥뜨릴 일은 없다. 따가운 햇볕도 막아낼 수 있다. 밖에 나가지 않고, 좁은 방 안에서 문을 걸어 잠그고 살아간다. 다시 말해 모든 것으로부터 보호받는 환경에서 살아가는 것이다. 신경증 환자는 그런 생활을 한다.

오이디푸스 콤플렉스의 희생자는 어머니에게 응석받이로 자란 아이들이다. 그런 아이들은 모든 원망顧望이 법률이며, 가족의 경계 밖에서 혼자만의 노력으로 호의와 사랑을 얻을 수 있다고 인식하지 못한다.

아들러의 책에는 "응석받이로 자란 아이들"이라는 표현이 자주 나온다. 그런 아이들에게는 "모든 원망이 법률"이다. 다시 말해 '자기가 원하는 것은 뭐든 다 실현된다.'고 생각한다. 본래는 좁은 방에서 벗어나 '경계 밖'으로 나가야 마땅하지만, 밖으로 나가면 스스로 노력하지 않는 한 아무런 일도 일어나지 않는다. 반면 집 안에 있으면 부모가 뭐든 다 해준다. 그런 상태에 놓인 사람은 다 자라난 뒤에도 자기 혼자 힘으로는 호의와 사랑을 얻을 수 없다고 생각해버린다는 것이다.

불안을 해소하기 위하여

어떻게 해야 불안에서 벗어날 수 있을까? 아들러는 기본적으로 '대인관계' 속에서 고민하라고 권유했다. 아들러 심리학에서는 지금도 공동체에 대한 소속감을 인간의 기본적인 욕구로 보고 있다.

인간의 불안은 개인을 공동체와 연결하는 유대에 의해서만 제거할 수 있다. 자기가 타인과 섞여 있다고 의식하는 사람만이 불안 없이 인생을 살아갈 것이다.

매우 구체적인 제안이다. "자기가 타인과 섞여 있다고 의식" 하라는 말은 혼자가 아니라 다른 사람과 이어져서 살아가고 있음을 깨달으라는 것이다. 인간은 혼자 살아갈 수 없다. 현대 아들러 심리학에서는 인터넷상의 공동체에서라도 자기 자리를 찾는 것이 인간의 기본적인 욕구라고 보고 있다. '고립'되어 있더라도 '고독'하지 않고, 타인과 연결되어 있으며, 다른 사람과의 '연대' 속에 있음을 아는 사람은 불안 없이 살아갈 수 있다.

'응석받이로 자란 아이도 엄마와 연대된 것 아닌가?' 생각할 수도 있겠지만, 그것은 진정한 의미의 연대가 아니다. 부모 자식 관계뿐만이 아니다. 다른 사람에게 봉사를 강요함으로써 얻어지는 연대는 참된 연대가 아니다. 제아무리 친밀한 사이라도 지배하고 지배당하는 관계는 진정한 연대라고 할 수 없다.

인간관계에는 마찰이 생기기 마련이다. 다른 사람을 동료로 여기지 않고, 남과 엮이기를 두려워하는 사람은 불안하다는 이유로 점점 더 타인과 어울리려 하지 않는다. 그렇지만 이때 느끼는 불안이 그러지 못하는 진정한 원인은 아니다. 다시 말해 불안해서 다른 사람과 어울리려 하지 않는 것이 아니라, 누구와도 어울리지 않으려 스스로를 불안하게 만드는 것이다.

쉽게 불안해지는 사람은 싫은 소리를 들었거나 상처 입은 탓에 다른 사람을 적으로 간주하는 것이 아니다. 대인관계 속으로 들어가지 않겠다고 결단한 단계에서 이미 주위 사람들을 적으로 간주한다. 다른 사람을 '동료'가 아니라 '적'으로 여기는 사람이 남의 말이나 행동에서 자기에 대한 적의를 느끼는 것은 어려운 일이 아니다. 이를테면 스쳐 지나가며 자기 시선을 피하는 사람을 보고 '아, 저 사람은 나를 피하는 거야.'라고 일방적으로 단정 지어버리는 것이다. 다른 사람이 필요로 할 때 나를 도와줄 동료라고 생각한다면, 시선을 피하는 행동을 적의의 표현으로 받아들이지 않을 것이다. 즉, 다른 사람들을 동료로 여기지 않으니 대인관계 속에 들어가려 하지 않는 것이다.

삶의 기쁨을 대부분 타인과의 관계 속에서만 얻을 수 있다는 사실을 제대로 이해한다면, 대인관계 속으로 들어가지 않기 위한 불안은 쓸모없어진다. 이에 아들러는 "불안은 개인을 공동체와 연결하는 유대에 의해서만 제거할 수 있다."고 이야기했다. 비교적 간단하게 표현했지만, 사실 그렇게 되려면 다른 사람에 대한 생각을 180도 바꾸는 코페르니쿠스적인 전환이 필요하다.

겁 많은 성격

도망치기 위한 수단

눈앞의 과제를 유난히 곤란하게 느끼고, 스스로에게 그것을 극복하는 데 필요한 힘이 있다고 믿지 못하는 사람은 겁쟁이의 성격을 특징적으로 드러낸다. 이런 성격은 평소 천천히 전진하는 형태로 드러나는데, 그 과정에서 그 사람과 인생 과제 사이의 거리가 좀처럼 줄어들지 않는다. 때로는 일정한 곳에서 멈춰버리기도 한다. 이것은 분명히 인생의 어떤 과제로 다가갔던 사람이 갑자기 전혀 다른 곳에서 발견되는 케이스다.

"분명히 인생의 어떤 과제로 다가갔던 사람이 갑자기 전혀 다른 곳에서 발견되는 케이스다."라는 문장은 무슨 뜻일까? 분명히 어떤 과제에 이미 몰두하고 있어야 할 사람이 다른 과제를 앞에 두고 겁이 난다고 말하는 상황이다. 그러면서 이 겁을 극복하지 못해 본래 몰입하려던 과제와도 직면할 수 없다고 핑계를 대는 것이다. 더 나아가서는 해당 과제를 포함한 인생의 과제 전반과 거리를 두거나 과제 앞에서 제자리걸음만 하는 경우를 의미하기도 한다.

어떤 과제든 해결에는 당연히 노력이 필요하다. 그런데 눈앞의 과제는 외면하고, 전혀 다른 별개의 과제를 꺼내놓은 다음 '난 도저히 해낼 수 없을 거야.'라고 굳게 믿어버림으로써 눈앞의 과제뿐만 아니라 반드시 몰두해야 할 인생의 과제 전체를 회피하려 드는 것이다. 눈앞의 과제가 아무리 어려워도 노력하다 보면 차츰 나아질 텐데, 아예 과제 전체를 극복하기 곤란한 것으로 받아들이는 셈이다.

'겁쟁이'라는 단어에서 떠오른 기억이 있다. 내가 고등학생일 때, 수영 수업이 있었다. 당시 나는 수영을 못했고, 키가 작아서 수영장 한가운데에서는 발을 디디고 설 수가 없었다. 이에 여름이 되고 매주 수영 수업이 다가올 때마다 '나는 수영을 못해.'라며 잔뜩 겁먹었다. 그러자 '난 수영뿐만 아니라 다른 것에도 몰입할 힘이 없다.'는 잘못된 생각이 슬그머니 고개를 쳐들었다. 아들러는 바로 그 점을 지적한 것이다.

예를 들면 자기가 취업하려 한 일이 적성에 전혀 안 맞는다는 것을 알았다고 말하는 식이다. 그는 그 일의 온갖 그늘진 측면을 들춰내며, 그 일을 시작하는 것이 실제로 불가능하게 보일 때까지 논리를 왜곡시킨다. 거기에서 드러나는 겁쟁이의 표현 형식에는 느릿느릿한 움직임을 비롯해 안전을 요구하는 조치나 준비 등이 있다. 이것들은 동시에 과제를 해내지 않고 책임을 회피하려는 목적도 갖고 있다.

아들러는 계속해서 직업의 적성에 관해 썼다. 많은 사람이 개인마다 잘하고 못하는 분야가 있다고 생각한다. '취직하지 말자.'거나 '지금 하는 일은 내 적성에 안 맞는다.'는 사실을 자기 자신과 다른 사람에게 납득시키기 위해 그 일의 '그늘진 측면', 다시 말해 단점들만 찾아낸다. 그 단점들에만 초점을 맞추고 '이 일은 이런 문제가 있어서 나랑은 안 맞는다.'거나 적성 문제로 슬쩍 바꿔치기 해서 '나는 이 직장에 취직할 수 없다.'고 말해버린다. 실제로는 '취업을 원하지 않는다.'는 결심이 먼저 서 있었기 때문에 이유는 모두 나중에 가져다 붙인 것일 따름이다. '나는 할 수 없다.'는 잘못된 생각이 일종의 면죄부가 되는 셈이다. 실제로 하지 않으면 알 수 없는데도 불구하고 몰입하기도 전에 '나는 노력해도 안 된다.'며 온갖 이유를 가져다 붙이는 사람은 '겁쟁이'의 특징을 가진 셈이다.

　'겁쟁이'인 사람도 "느릿느릿한 움직임", 다시 말해 '머뭇거리는 태도'를 취한다. 그런 태도 외에도 "안전을 요구하는 조치나 준비" 등이 겁쟁이의 표현 방식이다. 이것은 무슨 의미일까? 문맥 그대로 '위험을 피한다.'는 뜻도 있지만, '더욱 안전하기 위한 최상의 준비로 아예 일에 몰입하지 않는다는 선택을 한다.'는 뜻이기도 하다. '겁'이라는 감정을 전면에 내세움으로써 자기와는 안 맞는다고 주장하고, 일을 시작해도 원하는 결과를 낼 수 없으리라고 생각하고 싶은 것이다.

　어떤 일이든 처음에는 어려운 것이 당연하다. 상황에 따라서는 실패할 때도 있겠지만, 무슨 일이든 꾸준히 노력하다 보면 조금씩 익숙해지고 능숙해질 것이다. 절대로 불가능한 일은 없다. 현실적으로 그렇다. 그런데 '겁쟁이'의 성격 특징을 가진 사람들은 어떻게든 과제에서 도망치려 든다.

알겠어요, 그렇지만

　　《인생 의미의 심리학》에서 아들러는 '겁쟁이'에 관해 이렇게 말했다.

우리는 범죄자가 겁쟁이라는 것을 알고 있다. 우리가 그 사실을 알고 있음을 그들이 인식한다면, 큰 충격을 받을 것이다. 자기가 경찰보다 한 수 위라는 생각이 그들의 허영심을 부풀리기 때문이다. 그들은 종종 생각한다. '경찰은 절대 날 못 잡는다'고.

범죄자를 검거해 엄벌을 내리고 갱생시키려 애쓴다 해도, 그들이 다시 범죄에 손대지 않는다고 장담할 수는 없다. '이번에는 실수로 들키고 말았지만, 다음번에는 잘해야지.' 굳게 결심할 가능성도 있다. 아들러에 따르면, 이들은 겁쟁이다. "범죄자가 겁쟁이"라는 아들러의 말에는 큰 의미가 깃들어 있다. 엄벌만으로는 소용없다. 엄벌만으로는 결코 갱생시킬 수 없다. 범죄의 바탕에는 열등감의 이면인 우월 콤플렉스가 깔려 있기 때문이다. 아들러는 열등감이 생기지 않도록 돕는 것이 범죄자 갱생에 유일한 효과를 발휘하는 방법이라고 생각했다.

비단 범죄자뿐만이 아니다. 앞에서도 여러 번 말했지만, 우리는 과제를 앞에 뒀을 때 어떤 이유든 가져다 붙이며 도망치려 한다. "Yes, but……."이 좋은 예다. 겁쟁이는 "알겠어요. 그렇지만"이라며 핑계를 댄다. 또는 일상생활에서도 A이기 때문에 B는 안 된다는 논리를 자주 사용한다. 열등감에 사로잡히지 않고, 도망칠 이유를 내세우지 않고, 과제에 돌입할 수 있도록 돕는 것을 아들러는 '용기 부여'라고 칭했다. 또한 과제에 돌입하는 태도를 '용기 있다.'고 표현했다. 이와 반대되는 표현이 '겁쟁이'다.

두려움과 용기는 전염된다

요즘 세상에는 겁쟁이가 늘어난 것 같다. 아들러는 용기와 겁이 '전염된다.'고 설명했다. 이사카 고타로는 《PK》라는 소설에서 아들러의 이 말을 인용했다. 소설 전반에는 '겁이 전염되는' 이야기가 전개된다. 겁 많은 사람이 최대한 과제에서 도망치려 하고, 그 사람이 갖고 있는 겁이 다른 사람에게 전염되는 이야기가 쭉 이어진다. 그러나 결말은 '전염되는 것은 겁만이 아니다, 용기도 전염된다.'는 내용이다. '겁과 용기는 전염된다.'는 아들러의 한 문장을 이사카는 훌륭한 소설로 완성해 냈다.

이러한 용기와 협력은 용기 있고 협력적인 사람한테서만 배울 수 있다.

아들러는 "용기 있고 협력적인 사람한테서만" 진정한 용기와 협력을 배울 수 있다고 주장했다. 그럼 어떻게 겁쟁이에서 탈출할까? 한번에는 불가능할지 모르겠다. 그렇지만 '머뭇거리는 태도'를 떨쳐내고, 도망치려 하지 않고, 과제로 돌진하는 용기를 가져야 한다.

프랑크 파블로프의 《갈색 아침Brown Morning》이라는 작품은 어느 날 갑자기 '갈색 반려동물만 키울 수 있다.'는 법률이 제정된 데에서 이야기가 시작된다. 주인공은 갈색으로 물들어가는 거리의 풍경에 공포를 느끼면서도 아무런 행동도 하지 않는다. 나랑은 상관없는 남의 일이라고만 여긴다. 그러던 어느 날 아침……. 진지하게 생각하는 과정 없이 '뭐, 이 정도는 괜찮겠지.'라며 무비판적으로 변화를 받아들이는 것이 얼마나 무서운 일인지 묘사한 이야기다.

"싫다고 말했어야 했어. 하지만 어떻게?"

불길이 무섭게 솟구치는 화재 앞이라도 절대로 절망하면 안 된다. 무슨 일이든 아무 소용없다, 쓸모없다며 대응하지 않으면 불길만 점점 더 거세질 뿐이다. 나 혼자 무엇을 해본들 이 세상은 꿈쩍도 하지 않는다고 포기한다면 그것은 겁쟁이다. 포기하지 말고 무섭게 타오르는 불길에 조금이라도 물을 쏟아부으며 열심히 불을 꺼야 한다. 물의 양이 보잘것없더라도 한 사람 한 사람 그런 행동을 실천하는 용기를 가져야 한다.

겁 많은 성격을 선택하는 이유는 인생의 과제에서 도망치기 위해서다. 다른 사람과 관계를 맺으면 마찰이 생기고 상처 받을 수도 있다. 어떤 일이든 시작하면 결과가 나오지만, 늘 좋은 결과만 나온다고 장담할 수는 없다. 그런 이유로 과제와 거리를 두거나 과제를 앞에 두고 머뭇거리며 제자리걸음만 한다. 그러나 정작 부족한 것은 용기다. 과제에서 도망치지 않는 용기를 지니려면 '나는 쉽게 불안해지는 성격이기 때문에, 또는 겁이 많기 때문에 도망치려는 것이다.'라고 생각할 것이 아니라, '과제에서 도망치기 위해 그런 성격을 선택한다.'는 생각이 선행되어야 한다.

은둔형 외톨이가 된 아이의 불안을
없앨 수 있을까요?

> **Q** '불안은 연대에 의해서만 제거할 수 있다.'고 하셨는데, 자기
> 방에 틀어박힌 아이의 불안을 달래기 위해서는 어떻게 해야
> 할까요? 가족과도 관계 맺지 않는 상황에서는 어떻게 해야 할
> 지 알려주세요.

A 아들러는 방에 틀어박힌 아이에게 무슨 수를 써서든 '우리
는 네 편이자 동료'라는 사실을 전해야 한다고 말합니다. 예전에
"아이가 방에 틀어박혀서 밥을 가져다줘도 전혀 먹으려 하지 않고,
손도 대지 않아요. 이제 식사 준비도 하지 않는 것이 좋을까요?"라
는 질문을 받은 적이 있습니다. 저는 그 질문을 받고, "자기가 엄연
히 여기 있는데 밥도 가져다주지 않는다면 아이는 그렇게 행동하
는 부모를 과연 자기편이라고 생각할까요?"라고 되물었습니다. 밥
을 먹느냐 마느냐는 아이에게 맡길 수밖에 없지만, "어쨌든 식사는
쟁반에 받쳐서 가져다주세요."라고 권했습니다.

처음에는 자기 생각으로 방에 틀어박혔을 테지만, 자기 입
으로는 좀처럼 그만두겠다는 말을 꺼낼 수 없을 것입니다. 그럴 때
아이는 도움을 원하겠죠. 그러니 절대 궁지로 몰아서는 안 됩니다.
만약 아이를 대하는 방식에 문제가 있다는 것을 알아차렸다면 부

모 쪽에서도 사과하는 수밖에 없습니다. "오늘부터 태도를 바꾸고 싶다."고 선언하고, 한발 더 나아가 "필요한 것이 있으면, 네 친구가 되겠다."고 선언해야 합니다. 부모가 그렇게 노력한다면, 시간은 좀 걸리더라도, 아이들도 반드시 달라질 것이라고 생각합니다.

Q 자기편이라는 것을 알아줄 때까지 그런 관계를 계속 이어가라는 이야기군요.

A 그렇습니다. 부모에게도 상당한 용기가 필요합니다. 먼저 '성공한 사람' 같은 세속적인 가치관과 거리를 둘 필요가 있습니다. 아이의 성공을 바라지 않는 부모는 없겠지만, 그런 마음은 일단 한쪽으로 밀어둬야 합니다. 부모의 마음가짐은 어쨌든 아이가 오늘 하루를 무사히 살아준 것만으로도 기쁘다는 것이어야 합니다. 갓난아기 시절을 떠올리면 쉽게 이해가 가겠죠. 아이가 숨만 제대로 쉬어도 감사하지 않았나요? 저는 지금 손주 둘과 같이 살고 있는데, 정말로 그저 살아 있는 것만으로도 고마울 따름입니다. 그렇게 다시 원점으로 돌아가야 합니다. '우리가 살아 있는 한 필요하다면 널 지켜줄 테니 서두르지 말고 천천히 해도 된다, 너의 인생을 살아가는 방향으로 걸음을 내디디면 좋겠다.'는 마음을 전해야 합니다. 지금까지 상처 준 적이 있었다면, 용서해달라고 말해야 합니다. 용서해줄지 어떨지는 알 수 없지만, 계속 그렇게 할 수밖에 없다고 저는 생각합니다.

3

쾌활함·완고함·기분파

모든 성격에는 목적이 있다

ADLER

라이프스타일과 성격

아들러는 《성격심리학》에서 '성격'이라는 용어를 사용하고,
상당히 상세하게 분류했지만 다른 데서는 성격 대신
'라이프스타일'이라는 용어를 자주 썼다. 두 단어의 차이점은 무엇일까?
'성격'이란 누군가의 '라이프스타일'이 겉으로 드러난 것이다.
그렇다면 '라이프스타일'이란 무엇일까? 아들러의 표현에 따르면,
그것은 '무자각적인 인생 목표'다. 무의식 중에 설정한,
그 사람이 마음속 깊은 곳에서 원하는 삶의 방식을 의미한다.
무자각, 무의식이라는 표현을 쓴 이유는 분명하다.
대부분 타인의 지적이 없으면 알 수 없을 정도로 어렴풋해서
스스로 인식하지 못하기 때문이다. 상담하면서 환자의 라이프스타일을
진단할 때가 있는데, 환자 입장에서는 지적당해야 비로소
'그렇구나, 그런 거로구나.' 짐작 가능한 정도의 인식이다.
아들러의 정의에 따르면 이처럼 무자각적인 인생 목표가
'라이프스타일'이고, 겉으로 드러난 라이프스타일이 바로 '성격'이다.

쾌활한 성격

쾌활한 사람의 라이프스타일

쾌활함이란 밝고 명랑한 성격을 의미할 것이다. 거기에 무슨 문제가 있다는 것일까? 쾌활한 사람들도 각자 라이프스타일은 다르기 마련이다. 아들러는 그 예로 다른 사람과의 관계를 소중히 여기는 사람을 들었다. 다른 사람이 절대 나를 함정에 빠뜨리는 무서운 사람이 아니고, 필요하다면 나를 도와주는 동료라고 여기는 사람을 예로 든 것이다. 보다 나은 대인관계를 쌓고 싶어 하는 '라이프스타일'을 갖고 있는 사람에게서 표출되는 '쾌활한' 성격에 관해 먼저 살펴보자.

공동체 의식을 지닌 사람들은 성격이 쾌활하다. 늘 억압되어 걱정스럽게 걸어 다니지도 않고, 남들에게 자기 걱정을 떠넘기려

하지도 않는다. 함께 있을 때는 쾌활함을 발휘해서 인생을 아름답고 살 만한 가치가 있는 것으로 만든다.

'소극적'인 사람은 왠지 자꾸 신경 쓰이고 걱정된다. 몹시 우울해하는 사람의 주변인들은 당연히 걱정하기 마련이다. 그에 반해 다른 사람과 유대하고 관계 맺고자 하는 사람은 그런 걱정을 시키지 않는다.

공동체 의식을 갖고 있는 사람은 다른 사람을 돕고, 기쁘게 해주려고 한다. 그것은 그들의 겉모습 전체, 웃음에서도 알 수 있다.

여기서 '웃음'이라는 말에 주목해야 한다. 아들러는 서양 고전부터 근현대 문학까지 매우 조예가 깊었는데, 여기에서는 도스토예프스키에 관해 언급한다.

깊은 통찰력이 지닌 도스토예프스키는 시간과 노력이 필요한 심리학적인 진단보다 웃음으로 훨씬 더 사람을 잘 인식하고 이해할 수 있다고 말했다.

말보다는 행동이나 표정으로 상대를 훨씬 더 잘 이해할 수 있다는 것이다. 인간은 말과 표정이 서로 어긋날 때가 있다. 그럴 때 어느 쪽을 우선해야 할까? 말이 아니라 행동, 태도, 몸짓으로 상대방을 파악해야 하는 상황에서는 '웃음'이 그 사람을 더 잘 이해할 수 있는 잣대가 된다는 뜻이다. 도스토예프스키는 장편 소설《미성년》에 이렇게 썼다.

"만약 인간을 파악하고 싶거나, 인간의 영혼을 알고 싶다면, 그 사람이 침묵하는 모습이나 말하거나 우는 모습, 또는 더 나아가 고결한 사상에 몹시 감동한 상태에 주의를 기울이기보다는 오히려 웃는 모습을 보는 것이 좋다. 웃는 모습이 좋으면, 좋은 사람이다."

"웃는 모습이 좋으면, 좋은 사람이다."라는 시각이 재미있다. 아들러는 이런 말도 했다.

기쁨은 곤란을 극복하기 위한 올바른 표현이다. 웃음은 기쁨과 손잡고 인간을 해방시킨다. 한마디로 이 정동情動(객관적으로 드러난 감정)의 기폭제 역할을 하는 셈이다.

기쁨이나 웃음으로 현재 자기가 빠져 있는 곤란을 극복할 수 있다는 말이다.

나는 오랫동안 치매 환자인 아버지를 보살폈는데, 평소에는 울적해서 거의 말도 안 하던 아버지가 어느 날 직박구리의 꿀 빠는 모습을 바라보다가 크고 환하게 웃었다. 겨울마다 우리 집 정원에 피던 동백꽃에 직박구리가 날아와 한 바퀴 돈 다음 동백꽃의 꿀을 빨아들이는 모습이었다. 그 모습을 지켜보던 나와 가족들도 덩달아 크게 웃었다. 나는 그때 사람과 사람이 이어져 있음을 실감했다. 그런 순간에는 과거도 없고 미래도 없다. 그 저 지금 여기에 살아 있다는 실감뿐이다. 함께 웃고 있는 순간 에는 아버지가 어떻게 병을 극복할지, 또는 영영 치유가 불가능 할지, 어떤 일이 우리 앞에 기다리고 있을지 생각하지 않았다. 함께 기뻐하는 순간에 인간은 행복해진다. 아들러는 웃음으로 대표되는 기쁨이라는 감정을 포함한 '쾌활함'이 사람과 사람을 이어준다고 생각했다.

우월성 추구에서 오는 쾌활함

아들러는 여러 라이프스타일을 다면적으로 고찰한 결과, 쾌활함에 숨어 있는 또 다른 성질을 지적했다.

웃음은 사람과 사람을 이어준다. 그러나 무의식의 저변에는 타인의 불행을 은근히 기뻐하는 마음과 같은 적대적이고 공격적인 경향도 갖고 있다.

사람과 사람을 이어주어야 할 쾌활함이 '타인의 불행을 기뻐하는 마음'처럼 사람과 사람의 연대를 방해하기도 한다는 말이다. 나아가 다른 사람의 불행을 기뻐함으로써 자기가 그 사람보다 뛰어남(아들러의 용어로는 '우월성 추구')을 확인하기도 한다고 말한다. 사람을 깔보는 듯한 웃음이 대표적일 것이다.

아들러는 병역을 마친 어느 환자에게 이런 이야기를 들은 적이 있다. 전쟁 때문에 발생한 어처구니없는 손해와 끔찍한 파멸을 다룬 뉴스들이 이루 말할 수 없이 기쁘다는 이야기였다. 자국의 군대가 적국에 막대한 공격 피해를 입혔다는 기사에 본래 인간으로서 그럴 일이 아님에도 불구하고 기뻤다는 것이다. 이런 상황을 기뻐하는 사람의 존재가 이상할 것은 없다. 우리가 알아야 할 것은 다른 한편에 이 같은 기쁨의 감정도 존재한다는 사실이다.

아들러는 이런 사례도 소개했다. 이탈리아 남부의 항만 도시 메시나에서 1908년 12월 28일에 거대한 지진이 발생했다. 메시나는 순식간에 파괴되었고, 사망자만 무려 7만 5,000명이 넘었다. 그런데 이 뉴스를 들은 순간, 어떤 환자가 노골적으로 기뻐하며 크게 웃었다. 이것은 타인의 불행을 기뻐하는 마음에서 우러나온 웃음이 아니다. 면밀한 진찰 결과, 웃음은 슬픔에 빠져버림으로써 스스로 작아지는 느낌을 받지 않기 위한 방편이었다. 다시 말해 슬픔에 짓눌리지 않기 위해 기쁨의 표현을 이용한 것이다. 이렇듯 기쁨이나 쾌활함의 이면에도 다양한 라이프스타일이 숨어 있다.

오늘날의 상황에 비추어보자. 일본의 신종 코로나 바이러스 감염자 숫자가 다른 나라보다 비교적 적다는 사실에 은근히 우월감을 느끼는 사람이 과연 없을까? 드러내놓고 기뻐하는 사람은 드물겠지만, 마음 한구석에서는 우월감을 느낄지도 모른다. 이처럼 아들러는 '쾌활함'이라는, 언뜻 보기에는 밝고 명랑한 성격에 관해서도 다양한 각도에서 여러 문제점을 지적했다.

쾌활함의 반대 유형

아들러는 '쾌활함'과는 반대되는 유형의 사람에 대해서도 분석했다.

엄청난 짐을 짊어지고 인생을 살아가려고 부단히 노력하는 사람이 있다. 아주 사사로운 곤란도 과장하고, 장래에 대해서는 비관적인 견해뿐이고, 기뻐할 만한 그 어떤 기회에도 카산드라처럼 비명만 내지른다.

아들러는 이런 사람들이 "세상을 눈물 골짜기로 본다."고 말했다. '눈물 골짜기'는 《구약성서》〈시편〉에 나오는 말이다. 〈시편〉에서는 신에게 용기를 얻고, 그 마음에 시온 산으로 가는 대로大路, 즉 영적인 길이 있는 사람은 '눈물 골짜기를 지날 때에도 그것을 샘물이라 여길 것'이라고 쓰여 있다. 살아 있는 한 우리는 '눈물 골짜기', 즉 '고통'을 피할 수 없다. 불교에서도 '애당초 인생은 고해'라고 가르친다. 하지만 〈시편〉의 해석에 따르면, 용기 있는 사람은 고통도 샘물로 여길 수 있다. 살아 있는 한 고통을 피할 수는 없지만, 사람에 따라 관점은 달라진다는 말이다.

다시 아들러의 인용으로 돌아가자. 관점에 따라서는 고통도 맑은 샘으로 여길 수 있는데, 쾌활한 성격과 반대되는 사람은 아무리 기뻐할 기회가 와도 "카산드라처럼 비명"만 지른다. 카산드라는 그리스 신화에 등장하는 트로이의 왕, 프리아모스의 딸이다. 아폴론에게 사랑받아 예언 능력을 얻었지만, 그의 구애를 거절한 탓에 아무도 예언을 믿어주지 않는 저주도 받았다. 그래서 아무도 트로이의 멸망이라는 카산드라의 예언을 귀 담아 듣지 않았다. 그러므로 "카산드라처럼 비명만 내지른다."는 말은 불길한 말만 쏟아놓는다는 의미다.

실제로 드러내놓고 불길한 말만 하는 사람은 그리 많지 않겠지만, 모두 기뻐서 웃고 있는데, 혼자만 뚱한 표정을 짓고 있는 사람은 있다.

그들은 자기 자신에서 그치지 않고 타인에 대해서도 비관적이다. 주위에서 무슨 기쁜 일이 생기면 불안해져서 어떤 대인관계에서나 인생의 그늘진 면을 들고 나온다. 그들은 그것을 말로 표현할 뿐만 아니라, 행동이나 요구로써 동료의 즐거운 인생과 발전을 가로막는다.

행복한 사람도 행복한 대로 또 불안해한다. 행복의 한가운데 있으면서도 '과연 이 행복이 언제까지 이어질까.' 의심하기 때문이다. 나는 손주들과 함께하는 지금의 생활이 정말 행복하다. 다만 혼자 있을 때 '현재 64살이니 앞으로 살날이 얼마 남지 않았겠지, 과연 손녀가 결혼할 때까지는 살 수 있을까?' 생각하기도 한다. 그러다 보면 지금의 행복이 언제까지고 이어질 리 없다는 불안에 휩싸여버린다. 이것이 바로 "인생의 그늘진 면을 들고" 나오는 예일 것이다.

다른 사람들과 달리 나만 전혀 행복하지 않다고 생각하는 사람도 있다. 젊은 사람 중에는 잇달아 친구들이 결혼하면서 나만 행복에서 멀어져버리는 것이 아닐까 불안해지는 사람이 있을지도 모른다. 결혼이 행복인지 아닌지는 전혀 알 수 없는데 말이다. 오랜 세월 결혼 생활 중인 사람도 알기 어려운 일이다.

이런 사람들은 상대의 태도가 조금이라도 변하면 전처럼 사랑받지 못한다고 생각한다. 그런 마음으로 바라보면 태도가 전혀 변하지 않았어도 모든 것이 사랑받지 못한다는 증거로 느껴져 불안해지기 때문에 예전처럼 자연스럽게 지낼 수 없다. 이와 비슷한 일들이 인생 전반에서 반복된다.

아들러는 이렇게 비관적인 사람들에 대해 "시선이 늘 인생의 그늘진 면으로 향하고 있어서 낙관주의자보다 인생의 곤란한 문제를 더 잘 의식하고 쉽게 용기를 잃는다."고 말했다. 중요한 점은 이런 사람들이 어떤 곤란 탓에 용기를 잃은 것은 아니라는 점이다. 천재지변이나 사고로 용기를 잃는 것이 아니고, 또는 친구나 연인에게 배신당한 경험 때문에 비관주의가 된 것도 아니다. 미래를 불안해하는 것은 과제에서 도망치기 위해서다. 피할 수 없는 인생의 과제에서 도망치기 위해 불안해하고 비관적인 태도를 취하는 것이다.

불안해하는 사람은 과제에 적극적으로 돌입하려 하지 않는다. 결과가 어떨지는 누구도 알 수 없는데 처음부터 불안이라는 감정을 만들어냄으로써 과제에서 멀어지고, 적극적으로 돌입하지 않는다는 의미에서 도망치려 드는 것이다. 이런 사람은 다른 사람에게도 비관적으로 말한다.

"지금은 행복하겠지만, 그 행복이 언제까지고 계속될 거라고 기대하진 마."

혼자만 불행한 것이 심통이 나서 다른 사람까지 끌어들이는 셈이다.

미숙한 성격

늘 학생 수준에서 벗어나지 못하는 사람

어느 지점에서 발달이 멈춰서 학생의 영역을 벗어나지 못한 듯한 인상을 주는 사람도 자주 만날 수 있다. 그들은 언제, 어디에서나 학생 같다. 말하기 위해 손들 기회를 엿보며 항상 귀를 쫑긋 세우고 있다. 모임에서 제기된 질문에는 누군가를 앞질러서 그에 관해 무언가 알고 있다고 표시하고 좋은 점수를 기대하듯 언제나 빨리 대답하려고 노력한다.

'미숙함'이라고 번역하기는 했지만, 문자 그대로의 의미는 '학생 같은' 또는 '학생스러운'에 가깝다. 교실 안에서라면 선생님의 이야기에 열심히 귀 기울이고, 질문에 손들어 대답하는 태도는 전혀 문제 되지 않는다. 그러나 교실이 아닌 사람들과의 관계 속에서 대화도 즐기지 않고, 혹은 무언가 논의할 때도 함께 고민하는 태도를 보이지 않고, 단지 자기 지식을 과시하기 위해 발언할 기회를 엿보며 쫑긋 귀를 세우고 있는 사람이라면 과연 어떨까?

다른 사람과 대화하는 중인데 전혀 귀 기울여 듣지 않고, 오로지 자기가 얼마나 똑똑하며 많이 알고 있는지 과시하기 위해 언제 이야기에 끼어들 수 있을까 발언 기회만 엿보는 사람은 그야말로 골칫거리일 것이다. 그런 사람의 이야기는 전반적으로 겉돌기만 한다는 인상을 지울 수가 없다.

이를테면 이런 식이다. 이야기가 이미 한참 진행되었는데도 불구하고, 모두에게 잘 보이고 싶은데다 '그런 것도 알고 있어?' 놀라워하며 논리정연한 말솜씨에 감탄해주기를 바라는 마음이 앞서기 때문에 남의 이야기는 안 듣고 자기가 하고 싶은 이야기만 열심히 구상한다. 그렇다 보니 막상 말할 때는 뒷북을 치거나 논점에서 벗어난 이야기만 하게 된다. 안타깝게도 본인이 원하는 것과 정반대의 상황에 놓이게 되는 셈이다.

이런 사람들은 다른 사람에게 그다지 관심이 없고, 자기 자신에 대한 관심만 매우 강하다. 한마디로 자기가 뛰어나다는 사실을 다른 사람들에게 최대한 과시하고 싶은 사람이라고 할 수 있다.

유연성의 결여

이런 사람은 본질적으로 생활의 일정한 형태에서만 확실함을 느끼고, 학생 스타일을 적용할 수 없는 상황에 빠지면 바로 기분이 나빠진다. 물론 이런 유형의 사람도 다양한 수준 차이를 드러낸다. 그다지 공감할 수 없는 상황에 놓이면 이런 사람들 중 일부는 냉담하고 시큰둥하며 사교적이지 않은 느낌을 준다. 또 다른 유형은 모든 것을 알고 있거나 모든 것을 규칙과 형식에 따라 구분하려 하는 학식 깊은 사람처럼 보이고 싶어 한다.

이런 사람은 존재 자체가 모임에서 겉돌기 때문에 세상 물정을 모르며 '미숙하다.'는 평을 듣기 십상이다. "학식이 깊은 사람"처럼 모든 것을 "규칙과 형식에 따라 구분하려" 해도, 그것이 불가능한 사태가 발생하면 곧바로 패닉 상태에 빠진다. 이럴 때의 대처 방법은 발생한 현상을 예외로 간주하는 것이다. 예외가 늘어나면 규칙과 형식을 바꾸면 되지만, 이런 사람들은 안타깝게도 그런 유연성을 갖추지 못했다.

현대 사회에서는 한번 내린 결정이 잘 풀릴지 어떨지 누구도 알 수 없다. 잘 안 풀릴 가능성이 있음을 조금이라도 눈치챘다면 방법을 바꾸면 되는데, 언제까지고 일단 결정한 규칙이나 방침만 고집해 점점 더 깊은 수렁으로 빠져드는 일이 자주 발생한다. 신종 코로나 바이러스에 대한 대응도 마찬가지다. 전례가 있었다면 그것을 바탕으로 적확한 방침을 세울 수 있었겠지만, 미지의 바이러스였기 때문에 무슨 일이 벌어질지 예측할 수 없었다. 상황이 그렇다면 유연하게 대응해나갈 수밖에 없는데, 그렇지 못한 사람이 많은 것 같다. 아들러는 이런 사람들을 '학생 같은 사람'이라고 표현한 것이다.

완고한 성격

규칙과 규율에 인생을 바치는 사람

아들러는 앞에서 '학생 같은 사람'을 '원리주의자'와 연관시키기도 했다.

물론 원리주의자가 늘 어딘가 미숙한 것은 아니지만, 그런 유형을 떠올리게 만드는 사람은 인생의 현상을 어떤 원리로 파악하려 들고, 어떤 상황에서든 하나의 원리에만 따르며, 또한 그 원리가 언제든 옳다고 믿고, 그로부터 벗어나려 하지 않는다. 그렇다 보니 인생의 모든 것이 익숙한 길로 가지 않으면 불쾌해진다. 그들은 대체로 사사로운 것에 얽매인다.

"사사로운 것에 얽매인다."는 말을 아들러의 사례로 설명하면,

언제나 보도의 가장자리로만 걷는다거나 익숙한 길이 아니면 거의 가려고도 하지 않는 상황을 가리킨다. 다시 말해 규칙, 형식, 원리가 없다면 앞으로 나아가서는 안 된다고 생각하는 삶의 방식 자체를 가리키는 것이다.

미리 원칙을 알고 있거나 규칙이 정해져 있다면 원리주의자도 일탈하지 않는 한 안심하고 전진한다. 문제는 일탈 없는 인생이란 존재할 수 없다는 점이다. 앞으로 일어날 일을 정확히 예측하기는커녕 상상도 못한 일들이 벌어지는 것이 인생이다. '틀림없이 그렇게 될 거야.'라고 예상한 일이 실제로는 일어나지 않는 것이 인생의 기쁨이라고 해도 좋을 정도다. 모든 것이 결정되어 있다면 안심은 될지 모르지만, 살아가는 보람도 없지 않겠는가.

다음은 아들러가 《아이들의 교육》에 쓴 내용이다.

사회 제도가 개인을 위해 있는 것이지, 개인이 사회 제도를 위해 존재하는 것은 아니다. 개인의 구제는 사실 공동체 의식을 갖는 데 있다. 프로크루스테스의 행동에 비유하자면, 그것은 사회라는 침대에 인간을 억지로 눕힌다는 의미가 아니다.

프로크루스테스는 그리스 신화에 등장하는 도둑의 이름이다.

이 도둑은 붙잡아온 나그네를 자기 침대에 눕힌 다음 만약 나그네의 키가 침대보다 작으면 다리와 머리를 잡아당겨서 억지로 늘이고, 크면 침대 밖으로 튀어나온 부분을 잘라내서 죽였다. 원리주의자는 프로크루스테스처럼 행동한다. 자신의 규칙이 절대적이기 때문에 현실적으로 처리 불가능한 상황을 예외로 간주하고, 억지로 자기 원리에 꿰맞추거나 혹은 잘라버리는 것이다.

마찬가지로 아들러가 언급한 '공동체 의식'도 '그것은 이런 것이다.' 확정 지어서 생각하지 않는 편이 좋다. 아들러가 공동체 의식에서 어떤 의미를 가장 중요하게 생각하고 강조했는지 정확하게 알 방법은 없다. 그런데 아들러 심리학을 오랫동안 공부한 사람들 중 어떤 이들은 "그 사람에게는 공동체 의식이 있다."는 표현으로 다른 사람을 평가하곤 한다. 자신들이 생각하는 공동체 의식을 실천하는 사람은 칭찬하지만, 그렇지 않은 사람에게는 "저 사람은 타인과의 화합을 흐려놓는다.", "공동체를 생각하지 않는다."라고 일방적으로 판결을 내리기도 한다.

최근에는 더욱더 공동체 의식을 마치 고정된 침대처럼 결정 짓고, 거기에 사람을 눕힌 다음 '이 사람은 부족하다.', '이 사람은 조금 지나치다.'라고 판정하는 사람이 많아진 것 같다. 이런 것이 원리나 원칙에 대해 알고 있는 사람이 오히려 저지르기 쉬운 오류다. 타인을 판단하기 전에 자기 자신을 먼저 돌아볼 수 있어야 한다. 타인이 아닌 자기 자신에 관해 먼저 생각하기 바란다. 자신만의 원리 원칙에만 얽매이지 말고, 각각의 상황에 맞춰서 유연하게 생각해야 한다.

원칙을 의심하는 용기

나는 아들러 심리학을 공부해왔지만, 아들러가 절대적으로 옳다고 보지는 않는다. 솔직히 비판하고 싶은 점도 몇 가지 있다. 그런데 아들러가 한 말이 절대적이라고 믿는 사람들은 종종 '원리주의자'가 되어버리곤 한다.

이런 유형의 사람은 하나같이 인생의 광대한 영역을 별로 좋아하지 않는다. 그 결과로 자꾸만 터무니없는 시간 낭비를 야기하고, 자기는 물론 주위 사람까지 거북하게 만든다. 새로운 상황으로 들어가야 하는 순간에 실패한다. 그에 대한 준비가 안 되어 있을 뿐더러 마법의 말 같은 규칙이 없으면 버텨낼 수 없다고 믿기 때문이다.

지금껏 옳다고 믿어온 원리가 현실에는 부합하지 않는다면, 그 원리를 버리면 된다. 앞으로 살아가는 데 새로운 방법이 더 유용하다는 사실을 알았다면, 새로운 방향으로 전환하면 된다. 문제는 지금까지의 방식을 계속 고집하는 사람이 많다는 사실이다. 그럼 결국 쓸데없이 시간을 허비하게 된다. '인생의 광대한 영역' 속에서 헤매게 되는 것이다.

이 책에서 우리가 고찰하는 '성격' 또한 '원리'와 같다. '나에게는 이런 성격밖에 없다.'고 굳게 믿어버리고, 다른 성격을 모르기 때문에 지금껏 유지해온 성격이 얼마나 불편하고 부자유스러운지 알아도 다른 성격으로 바꾸는 순간 무슨 일이 일어날지 모른다며 불안해한다. 그렇게 지금까지의 방식을 고집하고 마는 것이다. 그런 의미에서 아들러가 언급하는 원리주의자 이야기를 특별하거나 특이한 사람에 관한 이야기라고 받아들이지 않는 것이 좋다.

이런 사람들은 봄으로 다가오는 계절의 변화에 곤란해한다. 이미 오랫동안 겨울에 익숙해진 탓이다. 날씨가 따뜻해져서 밖에 나갔는데, 그로 인해 다른 사람과의 관계가 늘어나면 이런 사람들은 당황스러움 때문에 기분이 나빠진다. 이에 봄만 되면 예외 없이 불쾌해진다.

기나긴 겨울이 끝나고 마침내 봄이 찾아오면, 웅크린 채 집 안에만 틀어박혀 지내던 사람도 밖으로 나가보려 할 것이다. 그러나 가능한 한 변화를 피하려 드는 원리주의자들에게 새봄이 달갑지만은 않다. 신학기를 맞거나 회사에 취직하면 처음 만나는 사람들과 새로운 대인관계를 만들어가야 하니까. 아들러의 말대로 "대인관계는 고민의 원천"이니 원리주의자들에게는 봄이 왔다는 사실이 버겁고 성가실 뿐이다. 그렇지만 이미 여러 번 반복했듯이 행복이나 삶의 기쁨은 대인관계 속에서만 얻을 수 있다. 새로운 환경에 성가시거나 짜증 나는 사람과 마주칠 수도 있지만, 변화를 두려워하지 않았으면 한다.

비굴한 성격

복종하는 것이 인생의 법칙

아들러의 생각에 바람직한 대인관계란 연령, 직업, 나이 등과 전혀 상관없이 모두가 대등한 것이었다. 아들러에 따르면, 칭찬받고 싶어 하는 아이는 비굴한 것이다. '칭찬받고 싶다.'는 마음은 하인이나 부하로 여겨지기를 바란다는 의미이기 때문이다. 한마디로, 자기를 상대보다 밑에 두려는 사람은 비굴한 사람이다.

누군가에게 질문할 때 도무지 납득되지 않는 아리송한 대답이 돌아온다면 이해될 때까지 다시 질문하면 된다. 그런데 기자가 정치인에게 질문하면 "문제없다."는 두루뭉술한 답변으로 끝나버리는 일이 흔하다. '문제없다.'는 말만으로는 전혀 설명되지 않는데도 그 대답에 납득해버리는 기자는 비굴한 셈이다. 자기

보호에 급급해서 할 말을 하지 못하는 정치인도 마찬가지로 비굴하다고 할 수 있다.

비굴한 사람에게는 자발성이 없다. 스스로 생각하고 행동하려고 하지 않는다. 다른 사람에게 주의를 기울이지만, 그것은 상대방의 말을 깊이 있게 고민하기 위해서가 아니라 무조건적으로 동의하고 따르기 위해서다. 스스로에게 복종의 의무를 부과하는 것이다. 아들러는 여기서 여성의 문제를 언급했다.

복종이 삶의 의무처럼 보이는 사람이 터무니없이 많다는 사실이 불현듯 떠오른다. '봉사하는 사람'이라는 직업이 있다는 뜻이 아니라 여성의 문제를 이야기하는 것이다.

부디 여성 독자들이 불쾌하게 받아들이지 않으면 좋겠다. 아들러가 이 책을 쓴 1920년의 현실이 그랬다는 말이니까. 다음은 《아들러의 인간 이해》에서 인용한 내용이다.

한편에서는 남성적이라는 것이 '가치 있다, 힘이 있다, 승리한다.'는 개념과 동일시되고, 다른 한편에서는 여성적이라는 것이 '순종, 봉사, 종속'이라는 개념과 동일시된다. 이런 사고방식이 인간의 사고 깊숙이 닻을 내리고 있기 때문에 우리 문화에서는 뛰어난 것은 모두 남성적인 특징을 갖고 있는 반면, 가치가 떨어지거나 기피되는 대상은 모두 여성적인 것으로 받아들여 진다.

아들러 자신이 이것을 옳다고 주장하는 것 같지는 않지만, 그의 책들에 남성 우월주의 가치관이 드러난다는 인상을 완전히 부정할 수도 없다. 남성이 위고 여성은 아래라는 사고방식을 적극적으로 채용하지는 않았더라도, 시대와 사회의 영향에서 완전히 자유로워 보이지도 않는 것이 사실이다. 그러므로 지금부터 하는 이야기는 남성, 여성으로 받아들이지 말고 오로지 아들러가 전하고자 하는 내용에만 주의를 기울여주기 바란다.

《왜 신경증에 걸릴까》에서 아들러는 '인간은 대등한 존재'라고 주장했다.

함께 사이좋게 살고 싶으면, 서로를 대등한 인격으로 대해야 한다.

지극히 당연한 말이라고 생각할지도 모르지만, 여전히 그렇게 생각하지 않는 사람이 있는 것도 사실이다.

이상을 말하라

남성과 여성의 공생은 남녀 어느 쪽도 복종하지 않는 동료 관계, 노동 공동체가 되어야만 한다. 설령 지금 당장은 아직 이상일지라도, 적어도 언제나 인간이 문화적으로 얼마나 진보했는지, 또는 그로부터 얼마나 멀리 있는지, 그리고 잘못이 어디에서 시작되었는지를 아는 기준은 될 것이다.

오늘날에는 남자가 위고 여자가 아래라고 공공연히 말하는 사람은 없을 것이다. 그럼에도 불구하고 '이것은 고루한 생각이다.', '시대착오가 너무 심하다.'라고 단언할 수 없다는 점이 안타까울 뿐이다.

여기에서는 1920년대에는 "아직 이상일지" 모른다고 아들러가 확실하게 논했음을 주목해서 살펴보자. 철학이 과거 사실을 나중에야 인정하는 역할에 그친다면 아무 소용이 없고, 현상만을 논하는 것도 무의미하기는 마찬가지다. 현실과 이상이 아무리 동떨어져 있더라도, 현실이 있으니 이상도 필요하다고 생각해야 한다. 아들러가 여기에서 주장하는 '이상'은 아직 완전히 실현되지 않았다. 그 점을 다시 한번 확인하고, 우리가 여전히 그런 시대를 살고 있음을 자각해야 한다.

《아이들의 교육》에서 아들러는 아이들에 관해 이렇게 이야기했다.

우리는 아이들을 친구로 여기고, 대등한 사람으로 대해야 한다.

지금도 아이를 대등하게 보지 않는 어른이 많다. "어른과 아이는 다르다."고 아무렇지 않게 말하는 사람들도 있다. 아이는 야단치고, 때에 따라서 치켜세우고 칭찬하면서 키우면 된다고 주장한다. 아들러와 함께 나 역시 "그런 시대가 되면 안 된다." 고 강하게 주장하는 바이다.

오만한 성격

오만한 사람을 원하는 상황

비굴한 사람과 반대되는 유형은 오만해서 항상 최고의 역할을 맡고 싶어 하는 사람이다. 그런 사람의 인생에는 영원히 '어떻게 하면 내가 다른 모든 사람보다 뛰어날 수 있을까?' 하는 질문밖에 없다.

"어떻게 하면 내가 다른 모든 사람보다 뛰어날 수 있을까?"라는 말은 항상 상대방 아래 있고 싶어 하는 비굴한 사람과 정반대로 '모든 사람 위에 서려 한다.'는 의미다. 즉, 다른 모든 사람을 지배하려 든다는 이야기다. 자기가 맨 위에 올라서려 하는 것, 그것이 바로 '오만'이다.

격동의 소용돌이 속에 휩싸인 불안한 시대에는 이런 성격을 지닌 사람들이 나타나는데, 그들이 위로 올라가는 것은 당연하다. 왜냐하면 그들은 지배에 적합한 행동, 태도, 동경에 더해 대체로 준비되어 있으며 사려까지 갖추고 있기 때문이다.

아들러는 지휘가 필요한 곳에서는 이런 사람이 거의 자동적으로 추대된다고 지적했다. 도를 넘어서는 적대적인 행동과 활동성이 보이지 않는다면, 어느 정도는 오만함이 수용된다는 뜻이다.

《성격심리학》은 1927년에 출간되었다. 이탈리아에서 무솔리니가 파시즘의 어원이 된 파시스트당을 만들어서 독재 정권 체제를 확립한 시기가 1922년인데, 아들러는 1860년부터 1931년까지 미국 뉴욕에서 발행되던 〈뉴욕 월드〉라는 신문의 취재에서 이렇게 대답했다. 잡지 기사의 제목은 다음과 같았다.

"무솔리니는 어린 시절의 열등감에서 비롯된 악감정으로 권력을 획득하는 싸움에 박차를 가할 수 있었다."

아들러는 "열등감이 강하면 강할수록 우월감은 폭력적"이라고 말하면서 이렇게 예언했다.

"경제적인 성공을 일구는 데 실패'한 무솔리니는 환멸과 절망을 거쳐 강한 열등감에서 비롯된 폭력 행위로 치달을지도 모른다."

이 글을 읽었을 때, 나는 '아무리 격동의 소용돌이 속에 휩싸인 불안한 시대라 하더라도 오만한 인간이 상층으로 올라가는 것을 당연하다고 여겨선 안 된다.'고 생각했다. 비굴하고 복종하는 사람이 존재하는 한, 오만한 지배자가 도를 넘지 못하도록 경계해야 한다. 복종하는 사람은 지배자에게 지나치게 후한 평가를 내리기 때문이다.

오늘날의 일본 상황만 봐도 알 수 있다. 정권의 지지율이 조금도 내려가지 않는 까닭은 무엇일까? 과도하게 후한 평가를 내리는 사람이 있으니 더더욱 정신을 바짝 차려야 한다. 아들러의 표현을 빌리면, 오만한 지배자는 '심연 앞에 선 사람'이다. 그들도 잘못할 때가 있고, 그로 인해 공동체가 파멸할 가능성도 있다. 반드시 막아야 하는 일이다.

최고가 되고 싶어 한다

아들러에 따르면, 오만한 사람은 어린 시절부터 가정에서도 늘 명령만 해온 사람이다. 어린 시절에 흥미를 보이고 좋아하던 놀이가 무엇인지 알면, 어떤 어른으로 자라날지 어느 정도 예측할 수 있다. 오만한 사람은 어린 시절에 어떤 놀이를 할까? 예를 들면, '드라이버driver'가 되는 놀이를 좋아했을지도 모른다. 영어에서 드라이버는 사람을 리드하고 지휘하는 사람을 가리킨다. 오늘날의 아들러 심리학에서도 라이프스타일의 유형 중 하나로 드라이버라는 어휘를 사용한다. 그렇다면 드라이버가 되는 놀이란 무엇일까? '마부'나 '장군'이 되는 놀이일 것이다.

다른 사람이 명령하면, 오만한 사람은 즉시 일을 못하게 되거나 흥분 상태에 빠진다. 항상 다른 사람 우위에 서고 싶은 그들에게는 최고가 되는 것이 가장 중요하다. 그런 사람에게 과연 리더십이 있을까? 아마도 없을 것이다. 최고가 되고 싶은 마음뿐이기 때문에 그들은 오로지 자기 생각만 한다. 공동체에 공헌하려는 의식이 전혀 없는데다 자존심이 몹시 강해서 자기가 내린 방침이 잘못되어도 절대 물러나지 않을 것이다.

기분파인 성격

원하는 것을 이루려 기분을 바꾸는 사람

흔히 기분이 이랬다저랬다 빠르게 변하는 사람을 기분파라고 한다. 실제로는 변한다기보다 바꾼다는 표현이 더 정확할 것이다.

인생과 그 과제를 대하는 태도가 지나치게 기분에 의존하는 사람에 대해서도, 심리학이 그것을 천성적인 현상으로 파악한다면 잘못이다. 그들은 모두 야심이 너무나 크고, 그로 인해 성질이 민감한 부류에 속해 있으며, 인생에 만족할 수 없을 때 도망칠 다양한 길을 모색한다. 이런 사람들은 태도를 정하기 전에 미리 앞으로 뻗은 더듬이 같은 자신의 민감성을 사용해 재빨리 다른 사람들의 상황을 탐색한다.

기분이 잘 바뀌는 사람은 비교적 많은 것 같다. 누군가의 기분이 나빠지면 주위 사람은 종기 다루듯 조심히 그 사람을 상대해야 한다. 그들의 기분이 나빠지는 까닭은 당연히 주변 사람들의 그런 태도를 의도한 것이다. 정말로 기분이 이랬다저랬다 변한다기보다 주위 사람들을 조종하려는 목적으로 그런다고 보는 편이 좋다.

앞에서 '불안'에 관해 살펴보았다. 과제 쪽으로 손을 뻗기는 하지만, 위험을 보지 않기 위해 이따금 다른 한 손으로 눈을 가려버리는 사람. 그 사람의 '손'이 바로 '불안'이라는 감정이다. 불안하기 때문에 눈을 가린다. 두 눈을 크게 뜨고 다가갈 용기가 없다. 그렇지만 한쪽 눈은 뜨고 있기에 과제를 앞에 두고 완전히 멈춰 서지는 않는다. 과제를 향해 뭉그적뭉그적 나아가는 것이다.

기분파는 그보다 좀 더 적극적이다. '더듬이'가 매우 재미있는 비유인데, 앞으로 뻗은 더듬이로 상황을 파악하는 셈이다. 과제 쪽으로 다가갈지 말지 고민하다 '지금은 더 이상 앞으로 나아가면 안 된다.'고 판단한 순간에 기분을 바꾼다. 기분파란 그런 변화가 순식간에 가능한 사람이다. 앞으로 나아갈 마음이 없지는 않지만 더 이상 나아가지 않겠다고 결정한 순간, 바로 기분을 바꾼다.

기분파는 기본적으로 밝고 쾌활하다

아들러에 따르면, 기분파로 보이는 사람들은 평소 끊임없이 어린아이 같은 밝은 태도를 드러낸다.

끊임없이 밝고 쾌활한 기분이고, 그것을 과시하거나 강조하며, 인생에서 밝은 면을 손에 넣으려 하고, 기쁨과 쾌활함 속에서 인생에 필요한 기초를 다지려 노력하는 사람이 있다. 여기에도 모든 가능한 수준의 차이가 드러난다. 자기 안에서 끊임없이 어린아이 같은 밝고 쾌활한 태도를 드러내고, 어린아이 같은 방식 속에서 정말로 무언가 마음 설레게 하는 것을 갖고, 과제를 회피하면서도 놀이처럼 그것과 마주하며 해결하려는 사람이 있다. 분명 아름다움과 공감적인 태도에서 이런 사람을 능가하는 유형은 거의 없다.

직면한 과제를 회피하지는 않지만, 그렇다고 진지해지지도 않는다. 밝고 쾌활하게 놀이처럼 마주한 채 해결하려 한다. 그렇지만 어딘지 모르게 너무 가볍다.

그러나 이 중에는 인생을 너무 과하게 밝게 이해해서 진지하게 받아들여야 할 상황도 밝고 쾌활하게 대하고, 여기에 덧붙여서 어린아이 같은 성질마저 드러내는 사람도 있다. 이런 성질은 인생의 진지함과는 동떨어져 있기 때문에 좋은 인상을 줄 수 없다. 언제나 불확실한 느낌을 준다. 곤란한 일을 너무 간단히 넘기려고 하기 때문이다. 흔히 볼 수 있듯이, 대체로 이런 인식으로 인해 곤란한 과제에서는 멀어지게 된다.

어떤 과제든 노력하지 않으면 달성할 수 없다. 그런데도 본인은 "대단한 것은 아니야. 괜찮아."라고 말하기 때문에 주위에서는 '불확실한 느낌'을 받는다. 진지하게 과제에 돌입했는데도 실패했다면 이해할 여지가 있겠지만, 기분파는 진지하게 과제에 임하지 않았다는 비판을 피할 수 없다.

그럼에도 불구하고 우리는 이런 유형에게 몇 가지 공감적인 말을 하지 않고 이별할 수는 없다. 이런 사람들은 이 사회를 지배하다시피 하는, 기분이 안 좋은 사람들에 비해서 어쨌든 쾌감을 불러일으키기 때문이다. 이런 유형의 사람은 언제나 슬프고 기분이 안 좋아서 어떤 상황에서든 어두운 면만 보이는 사람보다 쉽게 받아들일 수 있다고 말할 수밖에 없다.

항상 슬프고 기분이 안 좋은 사람보다는 그나마 기분파가 받아들이기 쉽다는 뜻이다. 기분이 안 좋은 사람들이 "이 사회를 지배하다시피" 한다는 말이 재미있다. 현재 우리 사회에 기분이 안 좋은 사람이 얼마나 많은지 상기시켜주는 말이다. 지나치게 밝고 명랑해서 발생하는 문제를 별개로 친다면, 항상 기분이 나쁘기만 한 것은 아닌 기분파를 아들러는 부정적이라고 단언하지 않았다.

비관적인 성격

뒤틀린 허영심을 가진 사람

아들러는 '나는 불운하다.'고 생각하는 사람의 성격적인 특징에 대해서도 언급했다.

이런 사람들은 자기한테만 불길한 신이 붙어 있는 것처럼 행동한다. 폭풍우가 치는 날에는 번개가 틀림없이 자기만 노릴 것이라며 불안해하고, 보나마나 자기 집에만 도둑이 들 것이라고 두려워한다. 어떤 종류든 곤란에 직면하면 항상 불행이 자기만 골라내리라고 확신한다.

스스로를 비극의 주인공인 양 바라보는 것이다. 그런데 그것이 꼭 싫지만은 않다. 실패를 자만하는 경향까지 엿보이는 이런 사람을 가리켜 아들러는 '허영심'에 빠져 있다고 말한다. 뒤틀린 허영심이라고 볼 수도 있다. 본래는 실제보다 크게 보이고 싶어 하는 것이 허영심인데, 이런 경우에는 불행하다는 사실 또는 불운한 자신을 사건의 중심으로 여기고 싶어 한다는 의미에서 허영심이 있는 사람인 셈이다.

이들의 마음은 자주 외면적인 행위로 드러난다. 이들은 항상 살짝 구부정한 자세로 걷는데, 자기가 얼마나 어마어마한 짐을 짊어지고 있는지 다른 사람들이 못 볼까 봐 그런 것 같다. 이런 자세는 의도치 않게 평생 무거운 짐을 짊어져야만 하는 카리아티드를 연상시킨다. 이들은 모든 일을 과도하고 심각하게 받아들이고, 비관적으로 바라본다. 그런 기분으로 지내기 때문에 어떤 일을 시작한다 해도 언제나 바로 무언가 잘 풀리지 않는다. 또한 자기 자신의 인생뿐만 아니라 다른 사람의 인생까지 괴롭게 만드는 불운한 사람이라는 설명이 붙는다. 이때도 이면에 허영심이 숨어 있다.

카리아티드란 고대 그리스 건축에서 기둥 대신 대들보를 지탱하는 여신상을 말한다. 아들러는 흡사 카리아티드처럼 매우 무거운 짐을 짊어지고 살아간다고 과시하는 사람이 있다고 말한다. 불운 때문에 인생이 잘 안 풀린다고 말하는 한, 이런 사람은 인생의 과제에 돌입하기 위한 필요한 노력을 하지 않을 것이다.

반대로 자신에게는 행운만 따라다닌다고 확신하는 사람이 있다. 뭘 해도 잘 풀린다고 생각하는 것이다. 이런 사람들은 자기가 원하는 결과가 나오지 않는 순간, 곧바로 용기가 꺾여버린다. 나는 행운을 타고나서 운이 좋다, 순풍에 돛 단 듯 행복하게만 살아갈 수 있다고 믿던 사람이 어느 날 갑자기 큰 사건을 직면하고, 그로 인해 용기가 꺾여 우울해져버리는 것이다. 아들러는 이런 사례를 자주 이야기했다. 이들 역시 자기가 늘 불운해진다고 믿는 사람과 마찬가지로 '허영심'을 갖고 있다는 분석이 흥미롭다.

다른 사람에게 도움을 요청해도 된다

이번 장은 상담 사례로 마무리하려 한다. 어린 시절의 어느 날, 내담자는 마을에서 풀어 기르는 개와 맞닥뜨렸다고 한다. 평소 어머니에게 개와 마주치더라도 절대 도망치면 안 된다고 배웠기 때문에 우두커니 서 있다가 그만 다리를 덥석 물려버렸다. 그는 이 같은 추억담(전문 용어로 '초기 회상')을 들려주었다.

이처럼 불행한 경험을 초기 회상으로 풀어놓는 사람들은 다른 사람을 동료로 여기지 않고 이 세상을 매우 위험한 곳이라고 생각한다. 이런 사람들에게는 상담으로 이 세상은 당신이 생각하는 만큼 무서운 곳이 아니며, 다른 사람 모두가 적은 아니며 도와주려 하는 동료도 있다는 이야기를 자주 들려준다. 개에게 물린 내담자에게도 그렇게 이야기했다.

그러자 초기 회상이 바뀌었다. 물린 시점에서 끝난 이야기가 그 후의 기억으로 이어진 것이다. 분명 개에게 물리긴 했지만, 낯선 아저씨가 자전거에 태워서 병원까지 데려다줬다는 이야기가 이어졌다. 그러면 추억담의 의미가 완전히 바뀐다. 이 세상은 고통으로 가득하다는 이야기에서 그럼에도 불구하고 나를 도와주는 사람이 있다는 이야기로 바뀌는 것이다.

아들러는 '불운하다고 생각하는 사람'들이 "항상 살짝 구부정한 자세"로 걷는다고 이야기했다. 언제나 몸을 구부정하게 숙이는 사람은 자기가 얼마나 무거운 짐을 짊어지고 있는지 남들에게 보이고 싶어 한다. 그 이면에는 열등감이 깔려 있다. 반대로 등을 곧게 펴고 꼿꼿이 서 있는 사람에게는 실제보다 강해 보이고 싶어 하는 우월 콤플렉스가 있다고 할 수 있다.

아들러는 어느 쪽에도 속하지 말아야 한다고 이야기한다. 필요 이상으로 무거운 짐을 짊어진 척할 필요도 없고, 쓸데없이 강한 척할 필요도 없다. 자연스럽게 힘을 빼면 된다. 무력함을 과시할 필요도 없고, 이 세상이 위험하다는 생각을 퍼뜨리지 않아도 된다. 어떤 도움도 없이 살아갈 수 있다고도 생각하지 않는 것이 좋다. 무작정 누군가의 도움을 기다릴 것이 아니라, 필요하다면 이쪽에서 먼저 다른 사람에게 도움을 요청하는 것도 좋은 방법이다. 혼자 할 수 없는 일은 다른 사람에게 솔직히 털어놓으면 된다. 아들러는 자기가 할 수 있는 일까지 다른 이에게 맡기라고는 하지 않았지만, 가끔은 다른 사람에게 기대도 좋다. 그런 마음가짐으로 살아가면 인생이 조금은 편해질지도 모른다.

비관적인 엄마의 고민에
어떻게 대응하면 좋을까요?

Q 저희 엄마는 '아주 비관적인 사람'입니다. 원래부터 잔병치레가 심했는데 지금은 파킨슨병까지 걸렸어요. 따로 살고 있는데, 이런저런 고민을 딸인 저에게 일방적으로 쏟아놓습니다. 이럴 때 제가 어떻게 대처하면 좋을지 알려주세요.

A 어머님이 어떤 생각을 하든 "그것은 틀렸다."라거나 "그러면 안 된다."거나 "그런 사고방식은 고쳐야 한다."라고 요구하기란 안타깝지만 불가능합니다. 그것은 어디까지나 어머님 자신의 과제이기 때문에 아무리 자식이라도 어쩔 수가 없다는 뜻입니다. 또한 "엄마는 그렇게 생각할지 모르지만, 내 생각은 달라."라고 부정해버리면 '이 아이는 더 이상 내 이야기를 들을 마음이 없다.'고 받아들여서 아예 대화 자체가 성립하지 않습니다.

그러니 찬성이나 반대는 한쪽으로 밀어놓고 일단 어머님의 이야기를 이해하려고 노력하는 태도가 중요합니다. 과연 어떤 의도로 그렇게 호소하는지, 오직 이해하는 데만 집중하면서 끝까지 이야기를 들어봅시다.

　　아직은 그나마 고민을 호소하니 다행이지만, 아예 입을 다 물어버리면 고민은 더욱 깊어집니다. 그러니 어머님의 이야기를, 도저히 납득할 수 없다는 느낌이 들 수도 있고, "사람한테는 그렇게 불운한 일만 생기는 것이 아니야, 좋은 일도 있어."라고 항변하고 싶어질지도 모르지만, 그런 말은 꾹꾹 눌러두고 "엄마가 어떤 생각을 하는지, 이야기를 듣고 충분히 이해했어."라며 상대에게 먼저 이해와 공감을 드러내는 것이 첫 번째 단계입니다.

　　그래야만 다음 단계로 나아갈 수 있습니다. 다음 단계에서는 "엄마 이야기는 충분히 알았지만, 난 꼭 그렇게 생각하진 않아."라고 말해도 됩니다. 그러나 그보다 앞서 "엄마의 불안은 잘 알았어. 그래도 난 지금 이렇게 엄마랑 이야기를 나눌 수 있어서 기쁘고 안심이 돼. 오늘 이런 시간을 가진 것이 나에게는 큰 기쁨이고, 고마울 뿐이야."라는 의사를 전달해야 합니다. '앞으로 일어날 일은 본인도 모르고, 가족도 알 수 없다, 그렇다면 앞으로 나빠질 것이 틀림없다는 잘못된 확신은 접어두기로 하자, 적어도 나는 지금 이 순간 엄마랑 함께 지낼 수 있는 것이 기쁘다.'고 인내심을 갖고 설득해야 합니다.

Q 상대의 반응이나 변화를 기대하지 말고, 제 마음가짐을 어떻게 가지느냐가 중요하다는 뜻이군요.

A 그렇습니다. 본인 역시 어머니와 똑같은 상황에 놓인다면 지금 얼마나 힘든지 주위 사람들에게 호소하고 싶어질지 모릅니다. 저도 그런 상황에 놓인다면 냉정해질 자신은 없습니다. 어머니에게는 자기 이야기를 잘 들어주는 가족이 있다는 사실이 행복한 일입니다. 내가 지금 그 역할을 맡고 있다고 생각해야 합니다. 그 역할은 결코 고통스럽고 싫은 일이 아니며, 다른 누구도 아닌 내가 맡아 다행이라고 받아들여주시기 바랍니다. 다른 사람이었다면 어머니에게 똑같은 이야기를 들어도 "그런 걱정은 할 필요 없어요." 라며 일방적으로 부정해버릴지도 모르고, 실제로 어머니는 그런 반응을 경험했을지도 모릅니다.

이어서 다음 단계로 나아갈 수 있다면 '자기의 병은 스스로 해결하는 힘을 갖고 있다고 믿는다, 그런데 지금 이 병은 어머니 혼자만의 과제가 아니니 나도 도움이 되고 싶다.'는 의미에서 공동 과제로 삼을 용의가 있다는 뜻을 전달해야겠지요. 단, 뭐든 내가 할 수 있는 일을 알려달라는 질문을 동시에 해야 합니다. "내 이야기부터 좀 들어보라."고 하면 이야기를 들어줄 수밖에 없습니다. "좀 더 좋은 치료법이나 의사를 찾아주면 좋겠다."고 요청한다면 찾아 나섭시다. 일방적으로 힘이 되겠다고 마음먹고, 이쪽에서 멋대로 움직이지 않는 것이 매우 중요합니다.

　　일반적인 이야기겠지만, 사람이 이야기하고 싶어지는 것은
'이 사람은 절대 내 이야기를 중간에 끊지 않고, 끝까지 들어줄 것'
이라는 확신이 섰을 때입니다. 나아가 그 이야기를 절대 평가하지
않고, 좋으니 나쁘니 곧바로 단정 짓지 않는 사람이라고 판단할 때
'이 사람에게는 마음을 열어도 되겠다.'는 생각이 드는 것입니다.

화·슬픔·수치심

감정은 성격의 '항진(亢進)'이다

ADLER

성격이 최고조에 달할 때의 감정 변화 - 정동

《성격심리학》에는 다음 같은 문장이 나온다.

"정동은, 우리가 성격 특징으로 이름 붙인 현상이 항진된 것이다."

'정동'이란 희로애락처럼 일시적으로 급격히 일어나는 감정을 가리킨다.

순간적으로 사고가 멈추거나 급격한 신체 변화가 뒤따르는 강렬한 감정

상태를 가리키는 심리학 용어다.

'항진'이란 기분이나 병세가 과도하게 진행되는 것을 가리키기도 한다.

즉, 성격적인 특징이 고조될 때 정동이 드러난다는 것이다.

일정한 정동을 자주 드러내는 사람에게는 특정한 성격적 경향이 있고,

성격과 마찬가지로 그 정동을 만들어내는 어떤 '목적'이 있기 마련이다.

이번 장에서는 정동을 살펴볼 예정인데,

예를 들면 '화를 잘 내는 성격'이 아니라 '분노'라는 감정을 분석하는 것이다.

감정에 대하여

우리는 감정을 어떤 목적으로 활용할까?

아들러는 정동을 분리감정disjunctive feeling과 결속감정conjunctive feeling, 두 가지로 분류했다. 전자는 '사람과 사람을 떼어놓는 감정'으로 '분노', '슬픔', '불안(두려움)'을, 후자는 '사람과 사람을 이어주는 감정'으로 '기쁨', '연민', '수치심'을 구체적으로 들고 있다.

아들러는 '정동' 전반에 관해 이렇게 설명한다.

정동은 시간적으로 제한된, 정신 기관의 운동 형태로 의식적 또는 무의식적 강박의 압력 아래서 돌연 폭발하듯 표출된다. 성격 특징처럼 목표와 방향도 갖고 있다. 정동은 절대 수수께끼처럼 이해할 수 없는 현상이 아니다. 그것은 항상 의미를 갖고 있으며 상황, 인간의 생활방식, 가이드라인에 대응하는 상황에서 드러난다. 또한 상황을 자기에게 유리하게 만들기 위해 변화를 야기하고자 하는 인간의 목적을 갖고 있다. 자기 의지를 끝까지 관철시키기 위한 다른 가능성을 포기했거나 그런 가능성의 존재를 아예 믿지 않는 사람만이 획득할 수 있는 강화된 움직임이다.

"정동은 절대 수수께끼처럼 이해할 수 없는 현상이 아니다."라는 말은 무슨 의미일까?

화를 예로 들어보겠다. 아이를 호되게 야단쳤거나 부하 직원을 심하게 나무랐을 때, 사람들은 자주 '엉겁결에 욱해버렸다.'고 표현한다. 분노를 그런 식으로 받아들인다면, 사람들은 자신이 화낸 이유를 결코 알 수 없다.

"나는 평소에 절대 큰소리치는 사람이 아닌데, 엉겁결에 욱해서 야단치고 말았다."

대체 무슨 의미일까? 진심으로 자기 자신도 알 수 없다면 그 화의 정동은 수수께끼 같은 현상일 것이다.

아들러는 지금까지 살펴본 성격과 마찬가지로, 정동에도 대인관계상의 목적이 있다고 보았다. 바로 "상황을 자기에게 유리하게 만들기 위해 변화를 야기하려고자 하는 인간의 목적"이다.

사람들은 보통 원인론적 관점으로 생각한다. 아이가 문제 행동을 일으켰기 때문에 화냈다고 생각하는 식이다. 반면 목적론적 관점을 지닌 아들러는 사람들이 '어떤 목적'을 위해 화의 정동을 사용한다고 보았다. 상황을 자기에게 유리하게 만들기 위해 변화를 야기하고자 하는 목적이 있다고 보는 것이다.

급격한 감정 변화의 목적

구체적으로는 상대에게 자기 생각을 밀어붙이고, 인정하게 만든다는(인정하게 만들기 위해 변화를 야기하는) 목적을 달성하기 위해 인간은 화를 이용한다. 슬픔도 마찬가지다. 앞에서 이야기했듯, 화는 무심코 발끈했지만 왜 그랬는지 알 수 없는 수수께끼 같은 감정이 아니다.

화내는 이유 역시 열등감 때문이다. 분노는 화난 사람의 모든 힘을 결집시키고, 평소보다 크게 행동하게끔 강요한다. 승리하기 위해 전면에 나서는 것이다. 적이 없으면 화도 없다. 이 감정의 목표는 오로지 적에 대항해 승리하는 것뿐이다. 이렇게 격렬한 움직임으로 자기 의지를 밀어붙이는 모습이 우리 사회에서 좋게 비춰지기 때문에 가능한 방법이다. 이 같은 방법으로 자기 의지를 밀어붙일 환경이 주어지지 않는다면, 화의 폭발은 훨씬 줄어들 것이다.

화나 슬픔 같은 감정에는 즉효성이 있다. 그 감정을 받아내야 하는 상대는 공포 혹은 동정심 때문에 어쩔 수 없이 시키는 대로 하기도 한다. 때리며 달려드는 정도까지는 아니더라도 큰소리치는 등의 '과도한 움직임'으로 자기 의지를 밀어붙이는 식이다. 아들러는 "이렇게 격렬한 움직임으로 자기 의지를 밀어붙이는 모습이 우리 사회에서 좋게 비춰지기 때문에 가능한 방법이다."라고 말했다.

오늘날에도 이런 경향은 크게 달라지지 않은 것 같다. 얼마 전 《리더는 칭찬하지 않는다》라는 리더십 관련 책에서도 이야기했듯이, 현재 우리 사회에서는 '강한' 리더가 요구된다. 예를 들면 고함치는 것까지 포함해서 부하 직원들에게 강한 영향력을 발휘해야 좋은 리더로 여겨지는 경향은 지금도 크게 다르지 않다. 그러나 아들러는 이렇게 말했다.

이 같은 방법으로 자기 의지를 밀어붙일 환경이 주어지지 않는다면 화의 폭발은 훨씬 줄어들 것이다.

요컨대 화를 폭발시키는 사람이 있더라도 받아들이는 쪽에서 전혀 동요하지 않는다면 화내면서 자기 의지를 관철시키려는 시도도 줄어들 수밖에 없다. 강한 리더를 간절히 원하고, 그런 리더가 하라는 대로 무작정 따르는 상황에서는 화냄으로써 자기 의지를 관철시키려는 사람이 줄어들지 않겠지만, 그것이 불가능해진다면 화를 폭발시키는 사람이 줄어들 것이라는 말이다.

나는 애당초 자기 의지를 밀어붙이려 하는 태도 자체가 문제라고 생각한다. 의지를 관철시키기 위해 감정을 격하게 쏟아붓는다면 속으로는 대부분 반발할 것이다. 대항할 방법을 찾지 못해 어쩔 수 없이 받아들인다 해도 납득하지는 못할 것이다. 그러므로 먼저 자기 의지를 관철시킬 다른 방법은 없는지부터 고민해야 한다.

감정의 힘을 빌리는 사람들은 열등감을 가지고 있다

우리는 우월성의 목표를 달성할 자신이 없어 불안한 사람이 포기하지 않기 위해 감정의 힘을 빌려서라도 그 목표에 다가가려고 애쓰는 모습을 자주 본다.

"우월성의 목표"란 무슨 뜻일까? 화내는 이유가 자기 의지를 관철시키기 위해서만은 아니라는 의미다. 여기에는 또 다른 목적이 있다. 자기 의지를 관철시킴으로써 다른 사람보다 우위에 서고, 다른 사람을 지배하고, 자기가 뛰어나다는 만족감을 얻고 싶기 때문이다. 이것이 바로 '우월성의 목표'다.

아들러는 우월성의 목표 자체를 부정하지 않았다. 리더에게 우수성이 필요하다는 사실도 무시할 수 없다. 그러나 리더가 우수해 보이기 위해 정동을 이용할 필요는 없다. 정동을 쓰지 않고는 우수해 보일 수 없다고 생각하는 사람, 그런 방법으로만 우월성의 목표를 달성하는 사람은 결국 정동의 힘으로 목표를 달성하려 할 것이다.

리더로서 자기가 뛰어나다는 것을 인정받으려면 감정의 힘을 휘두르는 대신 논리적으로 설명하면 된다. 그것이 불가능하기 때문에 감정적으로 승리를 거두려 큰소리치고, 분노의 감정을 상대에게 쏟아붓는 것이다. 그런 사람은 다른 방법으로는 우월성을 달성할 수 없다는 열등감을 갖고 있는 셈이다. 그러니 분노에 사로잡힌 사람을 보고 무서워서 벌벌 떨 필요는 없다. '저 사람한테 열등감이 있구나.' 생각하면 냉정하게 대처할 수 있을 것이다.

화에 대하어

자신의 우위를 유지하기 위한 분노

아들러가 '사람과 사람을 떼어놓는 정동'으로 분류한 구체적인 감정 중 첫 번째는 '화'다. 앞에서 정동이란 무엇인지 전반적으로 설명할 때 대표적인 예로 들었다는 사실에서도 아들러가 '화'라는 감정을 얼마나 중요하게 여겼는지 알 수 있다.

힘의 추구, 지배욕을 고스란히 상징화하는 정동은 '화'다. 화내는 사람은 자신이 직면하는 모든 저항을 신속하게, 있는 힘을 다해 완패시키려는 목적을 지니고 있다. 이 표현 형태는 이러한 목적을 확연하게 드러낸다. 지금까지의 지식을 기반으로, 우리는 화내는 사람 중에서 온 힘을 다해 우월성을 얻고자 노력하는 사람을 봤다. 인정받으려는 노력은 때때로 권력을 향한 도취감으로 바뀌는데, 이런 유형의 사람은 자기에게 힘이 있다는 느낌이 조금이라도 침해되면 화를 폭발시키며 대응한다. 그들은 이러한, 아마도 이미 자주 시도해온 방법으로 가장 쉽게 타인의 지배자가 되어왔기 때문에 자기 의지를 관철시킬 수 있다고 믿는다. 결코 수준 높은 방법은 아니지만, 대개 잘 풀린다. 많은 사람이 곤란한 상황에서 폭발적으로 화냄으로써 다시금 인정받았던 기억을 떠올릴 수 있을 것이다.

"직면하는 모든 저항을 신속하게, 있는 힘을 다해 완패시키려는" 것이 바로 '자기 의지를 밀어붙인다.'는 의미다. 여기에서는 화를 '힘의 추구, 지배력을 상징화하는 감정'이라고 말한다. 자기 의지를 관철시킬 뿐만 아니라, 그럼으로써 다른 사람을 지배하고 싶어 한다. 타인을 지배함으로써 자기가 뛰어나다는 확신을 얻고 싶은(이것은 우월성이다), 나아가 다른 사람에게 반드시 인정받아야 한다고 생각하는 사람이 화라는 감정을 사용하는 것이다.

이런 사람은 진심으로 자기가 뛰어나다고 생각하지 않는다. 평범하게 가만있으면 무능해 보이지 않을까 두려워하기 때문에 부하 직원을 야단치거나 상대방에게 화를 퍼부음으로써 어떻게든 자신의 우위를 유지하려는 것이다.

우리는 확실하게, 그리고 강하게 전면에 드러나는 정동성情動性, 습관적으로 화내는 사람을 고찰할 것이다. 습관적으로 화냄으로써 어떻게든 시스템을 만들어내는 사람, 다른 방법이라곤 전혀 없다는 면에서 눈길을 끄는 사람이 있다. 이런 사람은 오만하고 매우 민감하며 누가 자기와 나란히 서는 것도, 자기 우위에 있는 것도 참지 못한다. 자기가 우월하다는 인식을 항상 필요로 하고, 그런 까닭에 또다시 늘 누군가가 자기에게 어떤 방식으로 너무 가까이 다가오지는 않는지, 자기가 충분히 높이 평가받고 있는지 의심한다. 통상적으로 거기에는 극단적인 불신감이 연결되어 있어서 아무도 신뢰하지 않는다.

3장에서 언급한 바 있는 '오만한 사람의 성격적 특징'이 항진되었을 때, 화라는 정동이 드러나기도 한다는 뜻이다. 분명 오만한 사람은 '어떻게 하면 다른 사람보다 뛰어날 수 있을까?'에만 관심이 있다. 지배하거나 남의 위에 서는 데에만 온통 정신이 팔려 있는 것이다. 그로 인해 "인정받으려는 노력은 때때로 권력을 향한 도취감"으로 바뀐다.

권력 지향성이 강한 사람에게는 다른 사람의 시선이 중요하다. 이런 사람이 정치인이 되면 곤란해진다. 우월성을 인정받으려 무리한 결정을 내릴지도 모르고, 그 결정이 잘못됐어도 철회

하려 들지 않을 것이기 때문이다. 결단의 내용이 아니라 힘으로 자기 의지를 관철시키는 데서 우월함을 느끼는 것이 오만한 사람의 특징이다.

오만한 리더는 전전긍긍한다

오만한 사람은 '극단적인 불신감'에 시달리기에 윗자리에 있으면서도 늘 전전긍긍한다. '언제 다른 사람한테 밀려날지 모른다, 내 지위를 빼앗길지 모른다.'는 생각에만 빠져 있기 때문이다. 아들러식으로 표현하면, 이런 사람의 관심은 자기 자신에게만 집중되어 있다. 아들러는 이처럼 이기적인 관심을 교육의 힘으로 다른 사람들 쪽으로 돌려줘야 한다고 생각했다.

다른 사람을 전혀 생각하지 않고, 오로지 자신의 뛰어남을 확신하기 위해 리더가 되고 싶어 하는 사람이 있다면 교육의 실패라고 말하지 않을 수 없다. 어떻게 해서든 자기 자신에 대한 관심을 다른 사람에게로 돌려놓는 과정이 실현되지 않으면, 지금처럼 위기로 가득하며 불안한 시대에 적합한 리더는 탄생하지 못할 것이다.

어떤 힘의 추구든 밑바탕에는 무력감이나 열등감이 깔려 있다. 자기가 갖고 있는 힘의 정도에 안주하는 사람이라면 무자비하고 공격적인 움직임이나 가차 없는 방법에까지 다다를 리가 없다. 이런 관련성을 간과해서는 안 된다. 바로 화의 폭발에서, 무력감으로부터 우월감으로 향하는 목표의 고조 전체가 유달리 명료하게 드러난다. 다른 사람을 희생시켜서 자존감을 높이는 것은 안이한 수법이다.

앞의 '오만한 사람' 부분에서 거론했듯이, 자기를 우위에 두고 타인을 지배하려 드는 오만한 사람도 격동의 소용돌이에 휩싸인 불안한 시대에는 자연스럽게 추대될 수 있다. 아들러가 '격동의 소용돌이에 휩싸인 불안한 시대'라고 한정한 까닭은 그런 시기에는 높은 지위에 올라서고자 하는 리더가 나오는 것이 당연하며 시대에 따라서는 그런 리더도 필요할 수 있다는 뜻이었다. 그러나 나는 어떤 시대든 힘으로 지배하거나 우위에 올라서고자만 하는 리더는 필요없다고 생각한다.

스스로 무능하다고 여기며 열등감에 시달리는 리더는 이 사실을 들키지 않기 위해 버럭 화내거나 독단적으로 결정하기도 한다. 반면 아랫사람과 대등한 관계를 형성한 리더라면 부하 직원이 잘못을 지적해도 흔쾌히 받아들일 수 있다. 문제가 있다면 말로 잘 설명하면 된다. 중요한 것은 윗사람의 자존심이 아니라 올바른 판단이다. 그 역할은 꼭 우위에 서지 않아도 완수할 수 있다. 예의범절을 가르치려면 야단칠 필요가 있다고 말하는 사람이 오늘날에도 많은데, 아들러도 시대적 상황에서 자유로울 수는 없었을 테니, 비슷하게 생각했을지도 모르겠다.

개인적인 분노와 사회적인 분노

화의 폭발이 상당히 정당화될 때도 있다. 그런 경우에 관해서는 여기서 문제 삼지 않았다.

수수께끼 같은 말이라 약간의 설명이 필요할 것 같다. 지금까지 설명한 '화'와 종류가 다른 화가 있다는 이야기다. 철학자 미키 기요시1897~1945는 개인 기분에서 비롯된 화인 '사분(私憤)'과 정의로운 화, 또는 명예심에서 비롯된 화인 '공분(公憤)'을 구분했다. 아들러는 아마도 '공분'에 관해 말한 것이리라.

정의감이 바탕에 깔린 화란 무엇일까? 예를 들면 존엄이나 인권 같은 인간의 가치가 위협당할 때, 또는 위협당할 위험이 있을 때 아닐까? 이럴 때 인간이 화내지 않아도 될까? 아니다. 그런 상황에서는 당연히 화내야 한다. 성희롱이나 힘 희롱과 맞닥뜨린 경우도 마찬가지다. 아들러는 인간의 존엄성이 침해당할 우려가 있거나, 실제로 침해당할 때 화라는 감정이 정당화되고 인정받는다고 말한 것이다. 적어도 나는 그렇게 이해했다. 사분이 아니라, 정의감이 뒷받침된 이성적인 공분이다. 반면 감정에 휩쓸려 부하 직원을 야단치는 유형의 화는 결코 정당화될 수 없다.

미키 기요시는 공분, 즉 정의감이나 명예심에서 비롯된 화는 감정이라기보다는 개인의 '인격에 속하는 지성'이라고 말했다. 게다가 그 화는 자신의 명예만이 아니라 같은 입장에 놓인 모든 사람을 위해 느끼는 분노여야 한다고도 했다. 공분은 '폭발'시키는 것이 아니므로 '화의 폭발'이라는 말은 오해의 소지가 있을지도 모른다. 이성적으로 확실하게 목소리를 높여간다. 그런 의미에서는 '화'라는 말이 적당하지 않을지 모르지만, 그런 종류의 화도 있다는 사실을 잊어서는 안 된다는 뜻이다.

화에는 계획이 있다

이야기를 다시 개인적인 분노 쪽으로 돌려보자.

거울을 깨고, 비싼 물건을 부순다. 나중에 자기가 한 행동이 기억나지 않는다며 애써 변명해도 아무도 믿지 않는다. 주위 사람에게 화풀이하려는 의도가 너무나 명백하기 때문이다. 화에 휩싸인 정동 속에서도 자신에게 가치 있는 물건은 계속해서 유지하지만, 중요하지 않는 물건은 그렇게 하지 않는다. 따라서 우리는 이러한 현상에 나름 계획이 있다고 본다.

처음에도 '엉겁결에 욱해서' 화낸다고 이야기했는데, 아들러는 아무리 거울을 깨고 값비싼 물건을 부술 만큼 분노에 휩싸인 사람이라도 정말 필요한 물건은 절대 건드리지 않는다고 말했다. 그렇다면 사실 제정신을 잃은 것은 아니라는 말이다. 값비싼 물건이라도 크게 필요 없다고 생각하면 부술지 모르지만, 자기에게 정말로 중요한 것은 결코 부수지 않는다. 그런 판단을 내릴 수 있기 때문에 입으로는 엉겁결에 욱했다고 하지만, 사실 계획이 있는 것이다. 결코 제정신을 잃은 것이 아니기에 나중에 "제정신을 잃고 엉겁결에 욱했다."고 변명하더라도 그 화에는 분명한 목적이 있다고 이야기할 수밖에 없다.

화의 폭발은 어른보다는 어린아이에게서 더 많이 보인다. 아이를 화나게 만들려면 사소한 일로도 충분하다. 어린아이는 쉽게 무력해지므로 인정받으려고 노력하는 모습이 분명하게 드러나기 때문이다. 화를 잘 내는 아이는 인정받기를 바라며 싸우는 것이다.

아이들에게 조금 실례가 되는 표현이라는 생각도 든다. 현실에서는 오히려 어른들에게 이런 모습이 더 많이 보이는 것 같기 때문이다. 어떤 상황에서든 자기 의지를 인정받기 위해 화낼 필요가 없다는 교육이 필요하다. 당연히 어른들에게도 필요한 교육이다.

오래전, 유치원에서 아들을 데리고 돌아올 때 나는 자주 슈퍼마켓에 들러서 장을 봤다. 어느 날 아들이 "저 장난감 사주세요." 하며 울먹이기 시작했다. 그럴 때 많은 부모가 아이에게 "고집부리는 애는 길에다 버리고 갈 거야."라며 위협하지만, 부모가 절대 자기를 버릴 리 없다고 확신하기에 아이들은 끝까지 싸운다. 그런 방식으로 원하는 장남감이나 과자를 얻어낸다. 그래서는 안 된다. 아이들에게 화가 통하지 않는다는 것을 가르쳐야 한다. 화 아닌 다른 방법으로 의지를 전달할 수 있다는 사실을 알면, 아이들도 떼쓰며 울지 않는다. 당시 나는 아들에게 이렇게 말했다.

"화내고 떼쓸 필요 없으니, 평범하게 부탁해주겠니."

그러자 아들도 바로 냉정해져서 이렇게 답했다.

"저 장난감을 사주시면 정말 기쁠 것 같아요."

화로는 자기 의지를 관철시킬 수 없고, 그렇게 행동해도 자신의 우월성을 타인에게 드러낼 수 없다. 이 사실을 진심으로 깨우치면 사람들은 화내지 않을 것이다.

슬픔에 대하여

슬픔도 폭발이다

슬픔이라는 감정은 무언가 빼앗겼거나 잃었는데, 그 사실을 위로하기 아주 어려울 때 생겨난다. 슬픔 역시 보다 나은 상황을 만들어내기 위해서 불쾌감이나 무력감을 제거하려는 의도를 감추고 있다. 이런 관점에서는 슬픔도 화의 폭발과 똑같은 가치를 지닌다. 다만 다른 계기로 생기고, 다른 태도와 방법을 취할 뿐이다.

슬픔에서도 화와 똑같이 우월성으로 향하는 선이 보인다. 화에서는 그 작용이 다른 사람에게로 향한다. 이런 작용이 화내는 사람에게는 신속하게 고조되는 감정을, 상대에게는 패배감을 야기한다. 반면 슬픔은 일단 정신의 범위를 좁힌다. 그렇지만 슬퍼하는 사람이 고조된 감정으로 만족감을 얻으려고 노력하기 때문에 필연적으로, 또한 단기적으로 그런 상태를 확장한다. 이것 역시 근본적으로는 틀림없이 폭발이다. 설령 화와는 방식이 다르다고 할지라도 역시나 주위 사람으로 향하는 작용이기 때문이다.

슬퍼하는 사람은 원래 고발자이며, 그것으로 주위 사람과 대립한다. 슬픔은 인간의 본성이자 자연스러운 감정이지만, 도가 지나치면 주위 사람에 대한 적대적이거나 유해한 것이 포함된다.

아들러는 슬픔이 "정신의 범위"를 좁힌다고 했다. 슬픔은 '일단' 다른 사람보다 자기 내면으로 향하는 정동이지만 "근본적으로는 틀림없이 폭발"이라고도 표현했다. 무슨 의미일까? 슬픔은 무언가 빼앗기거나 잃었을 때 생기는 감정인데, 아들러는 화와 마찬가지로 슬픔에서도 "우월성으로 향하는 선"이 보인다고 지적했다. 다른 정동과 마찬가지로, 슬픔도 다른 사람과의 관계 속에서 생겨난다. 슬픔의 정동도 근본적으로는 다른 사람에게로 향한다는 말이다.

아들러는 '화'든 '슬픔'이든 반드시 '상대역'이 있다고 말한다. 양쪽 다 누군가를 향한다는 의미다. 그렇다면 누구에게 뭘 위해 슬픔을 드러낼까? 그것과 우월성은 어떤 관계가 있을까? 아들러는 슬픔이 인간의 본성으로서 자연스러운 감정이라고 했지만, 다른 한편으로 슬퍼하는 사람이 다른 사람을 비난하는 "고발자"라고도 했다.

슬퍼하는 사람의 고조된 감정은 주위 사람의 태도에 의해 부여된다. 슬퍼하는 사람이 누군가의 봉사나 동정이나 지지 또는 무언가 주거나 이야기를 걸어주는 행위 덕분에 편안해진다는 것은 널리 알려져 있다. 울거나 한탄하는 폭발로 주위 사람에 대한 공격을 시작하며 고발자, 재판관, 비판자가 되어 주위 사람들보다 자기가 높아졌다고 느낀다. 이때 요구, 애원이라는 특징이 확연히 드러난다.

즉, '당신이 나를 이렇게 슬프게 만들었다.'고 상대를 비난하는 것이다. 또는 '이렇게 슬프니까 더 이상 나를 비난하지 말라.'는 의사 표명이기도 하다.

상대가 화를 퍼붓는다면 이쪽에서도 화를 쏟아내며 맞설 수 있다. 그렇지만 상대가 갑자기 쓰러지며 울기 시작하면, 더 이상 공격할 수 없다. 우는 행위 자체가 상대방에 대한 비난이자 '당신은 너무 지독한 사람이야. 그래서 내가 지금 이렇게 슬퍼.'라는 호소라고 해석하면 슬픔의 본질을보다 정확하게 이해할 수 있다.

상대를 봉사하게 만드는 감정

또 한 가지 포인트는 그런 비난이 부당하게 느껴져도 슬퍼하는 사람을 못 본 척 내버려둘 수는 없으니, 상대에게 봉사해야 한다는 생각을 심어준다는 것이다. 그러면 슬퍼하는 사람은 그 덕분에 우월감을 느낄 수 있다. 주위 사람들은 슬퍼하는 사람을 종기 다루듯 조심스럽게 대할 수밖에 없으니 그런 대우를 강요하는 상황을 만들어내는 것이다. 슬퍼하는 사람은 이렇게 슬픔이라는 감정을 이용해 다른 사람보다 우위에 서려고 한다.

아들러는 《교육이 힘든 아이들Indivudualpsychologie in der Schule》에서 "눈물이라는 무기로 다른 사람의 눈시울을 뜨겁게 만드는데 성공한다. 물의 힘!"이라는 표현도 쓰기도 했다. 독일어로는 바사 크라프트Wasser Kraft, 영어로는 워터 파워water power, '물의 힘'에서 물은 당연히 눈물이다. 일본에도 "우는 아이와 마름에게는 못 당한다."는 속담이 있다. 우는 아이에게는 마름만큼의 권력이 있는 셈이다.

슬픔은 다른 사람에게 강제적이며 반박할 수 없는, 그것에 굴할 수밖에 없는 논변과 같다. 따라서 이 정동도 아래에서 위로 향하는 선을 드러내며 안정을 잃지 않고, 무력하고 나약하다는 감각을 제거하려는 목적을 갖고 있다.

논변은 어떻게든 반론할 수 있지만, 슬픔으로 부딪쳐오면 물러설 수밖에 없는 상황에 빠진다. 매우 비뚤어지기는 했지만, 슬픔이라는 감정으로 열등감 또는 무력감에서 벗어나 상대적으로 우월해지는 셈이다.

공동체 의식을 표현하면 대체로 정동을 가라앉힐 수 있다. 그러나 다른 사람의 공동체 의식이 자기에게 향하기를 강하게 원하기 때문에 슬픔의 단계에서 벗어나고 싶어 하지 않는 사람들이 있다. 왜냐하면 많은 사람이 보여주는 우정이나 동정 덕분에 자존감이 월등히 높아지는 체험을 하기 때문이다.

앞에서 아들에게 떼쓰지 말고 말로 부탁하라고 훈육한 일을 소개했다. "공동체 의식을 표현"한다는 말은 다른 사람과 협력해서 냉정하게 문제를 해결한다면 화도 슬픔도 가라앉힐 수 있다는 의미다. 곧바로 화내거나 슬퍼하는 사람은 안타깝게도 그런 방식을 모른다. 게다가 슬퍼하고 있으면 주위 사람들이 내버려두지 않는다. 그런 식으로 타인의 주의나 관심을 이끌어내는 것이다. 그런 학습까지 해버리면 언제까지고 슬픔에서 탈피할 수 없다.

아들러는 왜 슬픔도 사람과 사람을 떼어놓는 정동이라고 했을까? 화내는 사람과 상대의 관계 또는 심리적 거리가 멀어지는 까닭은 쉽게 이해가 가지만, 슬픔이 어째서 사람 사이를 떼어놓는 감정일까?

화와 슬픔은 다양한 수준으로 우리의 동정을 불러일으키지만, 사람과 사람을 떼어놓는 정동이다. 사람들을 이어주지 않고, 공동체 의식에 상처를 냄으로써 대립을 일으킨다. 슬픔은 물론 그 부가적인 과정에서 결속을 불러오지만, 그럼에도 양자 모두 공동체 의식에 관여하는 정당한 방식이 아니며 주위 사람을 오로지 '주는' 역할로만 고정시킨다.

인간은 타인과 협력하며 살아갈 수밖에 없으므로 누군가에게 도움을 요청할 수밖에 없다. 정말로 필요할 때는 당연히 도움을 요청할 수 있다. 그렇지만 슬픔으로 타인을 봉사시키는 사람은 일방적으로 봉사만 시키고, 자기는 주지 않는다. "주위 사람을 오로지 '주는' 역할로만 고정시킨다."는 문장의 진정한 의미다. 주위 사람은 슬퍼하는 사람을 못 본 척할 수는 없다. 그런 의미에서는 사람과 사람이 이어지지만, 슬퍼하는 사람이 주변인들에게 무언가 주는 것은 불가능하다.

오로지 받기만 하는 이런 연대를 정상이라고 볼 수는 없다. 양자가 서로 상대에게 공헌하는, 받기만 하는 것이 아니라 자기도 주는 상호적인 흐름으로써만 진정한 연대가 성립될 수 있다. 아들러는 신경증 환자가 다른 사람에게 별다른 관심이 없으며 타인을 착취의 대상으로만 삼는다고 말했는데, 이것이 비단 신경증 환자에만 해당되는 이야기는 아닐 것이다.

한편 남들에게 관심을 가지는 사람은 슬퍼하거나 괴로워하는 사람을 내버려둘 수는 없으니 자연스럽게 그런 사람에게 도움이 되려고 한다. 그러므로 자기는 주지 않고, 언제나 남의 힘이 되고자 하는 이에게 도움만 받으며, 그것을 당연하게 여긴다면 다른 사람을 착취의 대상으로 삼는 셈이다. 그런 상태가 오래 지속되면 처음에 힘이 되어주려고 한 사람도 결국 멀어져버린다. 그런 의미에서 슬픔도 '사람과 사람을 떼어놓는 정동'인 셈이다.

불안에 대하여

불안은 타인을 지배한다

쉽게 불안해지는 사람과 정동으로서의 불안은 조금
다르다.

불안(두려움)은 인간의 인생사에서 중요한 의미를 가진다. 이 정
동은 사람과 사람을 떼어놓을 뿐만 아니라, 결과적으로는 슬픔
과 마찬가지로 다른 사람과 일반적이지 않은 특정한 관계로만
연결시킴으로써 복잡해진다.

'불안'은 '슬픔'과 비슷하다. 불안도 처음에는 사람과 사람을
이어주는 것처럼 보인다. 슬퍼하는 사람과 마찬가지로, 불안해
하는 사람도 못 본 척할 수는 없다. 그런 의미에서 불안을 호소

하면 처음에는 다른 사람과 이어질 수 있다. 하지만 아들러는 불안이 결과적으로 사람과 사람을 떼어놓고 만다고 설명했다.

불안해진 아이는 상황에서 도망쳐 다른 사람에게로 달려간다. 이러한 불안의 메커니즘은 주위 사람에게 우월성을 직접 표현하는 것이 아니므로 언뜻 보기에는 패배의 표현처럼 비친다. 여기에서의 태도는 자기를 작아 보이게 만드는 것이다. 이렇게 해서 다른 사람과 이어지기 시작하지만, 불안은 동시에 자기 안에 우월성의 욕구를 감추고 있다. 불안한 사람은 다른 사람이라는 피난처로 도망치고, 그러한 방식으로 다시 위험에 맞서며, 승리를 거두기 위해 자기를 강화하려 한다.

우리는 불안해하는 아이를 방치할 수 없다. 그런 까닭에 일단 주위 사람과 아이 사이에 유대가 생겨난다. 아이는 불안하니까 보호받는 것이 당연하다며 특권을 요구하기도 한다. 이것은 우월성의 추구다. 그러나 '나는 보호받아 마땅하다, 그것이 당연하다.'며 특권을 요구하면 주위 사람들이 차츰 떠난다. 다른 사람을 자기에게 봉사시키려 하기 때문이다. 그런 의미에서 불안 또한 사람과 사람을 떼어놓는 정동이다. 아들러는 '불안'이라는 정동에 관해 이런 지적도 덧붙였다.

누군가를 자기 인생을 위한 지지대로 필요로 하는 사람이 항상 문제다. 다른 사람이 단지 불안한 나를 받쳐주기 위해서만 존재하는 것처럼 구는 것은 지배적인 관계를 확립하려는 시도일 뿐이다.

공동체 의식이 있는 사람은 불안한 사람을 돕고 싶어 한다. 그러면 불안을 호소하며 도움을 요청한 사람과의 사이에 '지배적 관계'가 확립된다. 물론 도움을 요청한 사람이 지배하는 측이다. 앞의 설명처럼 부모는 불안해서 못 견디겠다고 호소하는 아이를 집에 놔두고 나갈 수 없다. 아이를 위해 직장을 그만두기도 한다. 이것이 바로 아이가 불안을 호소하는 목적이다. 이런 방식으로 부모 자식 사이에 일종의 지배 관계가 성립된다.

불안해하는 아이를 도울 방법

인간은 매우 나약한 존재다. 자연계에서 특히 매우 나약하기 때문에 불안은 인간의 근원에서 유래하는 정동이다. 어린 자녀는 더더욱 그럴 것이다. 특히 아기는 자기가 매우 나약한 존재임을 무의식적으로 알고 있다. 불안에 사로잡히는 것은 당연한 일이다. 이에 성장 과정에서 불안에서 빠져나오지 못하면 이렇게 될 수도 있다.

아이가 안전하지 않은 상태로부터 빠져나오려고 노력하다 실패해서 비관적인 인생관을 가질 위험이 늘 존재한다. 그때 주위 사람의 도움이나 배려에 의지하는 성격 특징이 발달한다.

'나는 뭘 해도 안 돼, 뭘 해도 실패해.' 이처럼 비관적인 인생관은 그 자체로 큰 문제다. 그렇게 되지 않도록 주위 사람들이 적절한 도움을 줘야 한다. 이를테면 불안처럼 부정적인 감정을 지닌, 인생에 긍정적이지 못한 소극적인 아이가 있다. 그런 아이가 성적이 기대 이하라 몹시 침울해한다면 부모는 대체로 "속상하지."라거나 "많이 힘들었겠네."라는 말로 위로할 것이다. 그러다 보면 아이가 의존적으로 바뀌어버리기도 한다. 자기 과제인데도 스스로는 아무것도 하지 않고, 부모가 어떻게든 해주기를 바랄지도 모른다. 이럴 때 어떤 말을 건네면 좋을까?

"내가 뭐 해줄 것이 없니?"라는 표현을 권하고 싶다. 도와주겠다고 이야기하면 자녀가 의존하려고만 들지는 않을까 걱정하는 부모도 있을 것이다. 실제로 괴로워 보여 어떻게든 해야 한다는 마음에 부모가 도움의 손길을 뻗으면 의존적으로 바뀌는 아이들도 있다. 그러나 "내가 뭐 해줄 것이 없니?" 묻는다고 그렇게 되지는 않는다.

어느 중학생이 하교 후 몹시 침울해 있었다. 그 모습에 부모는 친구랑 무슨 문제가 있었나 보다 추측했다.

"내가 뭐 해줄 것이 없니?"

부모가 묻자 아이는 바로 대답했다.

"그냥 내버려둬."

다음 날, 환한 표정으로 돌아온 아이는 부모에게 이렇게 말했다.

"어제 친구랑 싸워서 속상했는데, 다행히 오늘 화해했어."

그 학생의 부모는 "아무것도 해주지 못했지만, 아이가 스스로 문제를 해결한 모습을 보니 기뻤다."고 말했다. 만약 아이가 도움을 요청하더라도 가능한 선에서만 도와줘야 한다. 모든 것을 해결해주려 들어서는 안 된다.

나는 기본적으로 우울해하고 있는 아이들을 그냥 놔두어도 별 문제가 없다고 생각하지만, "내가 뭐 해줄 것이 없니?"라는 말을 건네기는 가능하다. 곤경에 빠진 아이를 어떻게든 도와야겠다며 부모가 자꾸 말을 걸면, 아이는 자기가 스스로 곤경에서 빠져나올 능력이 없는 약한 존재라고 오해해버릴 수도 있다. 그런 아이들은 나중에 어른이 된 후에도 의존적인 사람이 되고 만다.

기쁨에 대하여

기쁨은 사람을 이어준다

모든 정동이 사람들을 단절시키는 것은 아니다. 서로를 이어주는 정동도 있다. 대표적으로 '기쁨'이 있다. 기쁨은 3장의 '쾌활한 성격'과 비슷한 면이 있다.

우리는 기쁨의 정동에서 명확한 다른 사람과의 결속을 본다. 기쁨은 고립을 허락하지 않는다. 기쁨의 표현은 다른 사람을 원하는 것, 포옹 등으로 협력하는 것, 함께 나누는 것, 같이 즐기고 싶어하는 경향 등으로 드러난다. 그런 태도로 사람과 사람을 결속시키는 것이다. 말하자면 타인에게 손을 내밈으로써 다른 사람도 똑같이 고양시키는 온기다. 결속으로 이어지는 모든 요소가 이 정동 속에 있다.

"고립을 허락하지 않는다."는 표현이 조금 특이한데, 기쁨의 감정은 사람을 혼자 있게 만들지 않는다는 의미다. 아들러는 기쁨을 무조건적으로 긍정했다. 기쁨의 표현인 웃음에 관해서는 '쾌활한 성격'에서 이미 설명한 바 있다.

기쁨은 곤란함을 극복하기 위한 올바른 표현이다. 그리고 웃음은 기쁨과 손을 잡고 인간을 해방시킨다. 한마디로 웃음이 기쁨의 기폭제가 되는 것이다. 그것은 자기의 인격을 넘어서서 다른 사람과의 공감을 원한다.

기쁨의 긍정적인 면을 강조했다. 누군가 웃고 있으면 그 순간 그 사람과 하나가 된 느낌을 받는다. 나에게는 손주가 둘 있다. 둘째는 태어난 지 이제 갓 3개월이 됐는데, 요즘 잘 웃는다. 그 웃는 모습만 바라보고 있어도 하나가 되는 느낌이다.

웃음이 기쁨이라는 정동의 '기폭제'라고 했는데, 웃음으로 기쁨을 표현하는 사람이 곁에 있으면 슬픔이나 화와 다르게 복잡한 메커니즘 없이 직접적으로 사람과 사람이 결속되어 있다는 것을 느낄 수 있다. 올림픽 중계방송 등을 볼 때, 우리나라 선수가 승리하면 박수갈채를 보내는 식이다. 아들러의 표현대로 '기쁨과 손잡고' 자기 자신을 해방시키는 것이다. 그때 같은 자리에 있는 사람들과도 기쁨을 공유할 수 있다.

기쁨의 오용

아들러는 이 정동이 오용되기도 한다고 말했다.

빈번하게 일어나는 오용은 특히 다른 사람의 불행을 기뻐하는 마음이다. 이것은 부적절한 장소에 나타나서 공동체 의식을 부정하고 상처 입힌다. 그것은 사람과 사람을 떼어놓는 정동이자 그에 따라 다른 사람에 대한 우월성을 추구하는 것이기도 하다.

진정한 스포츠 팬이라면 그러지 않겠지만, 상대 팀이 실수할 때 나타나는 기쁨의 유형이다. 비슷하게 자기 나라 팀이 이겼을 때는 기뻐하지만 졌을 때는 몹시 실망하며 상대 팀을 비난한다면, 이럴 때의 기쁨은 무조건적으로 사람과 사람을 결속시킨다고 단언할 수 없다.

동정심에 대하여

공동체 의식의 증거

동정심에 대해서도 아들러는 우선 긍정적인 면을 강조했다.

동정심은 공동체 의식의 가장 단순한 표현이다. 다른 사람에게 그것이 보이면, 일반적으로 그 사람의 공동체 의식에 관해서는 안심할 수 있다. 왜냐하면 정동에서는 인간이 얼마나 다른 사람의 상태에 감정 이입할 수 있느냐가 드러나기 때문이다.

여기에서는 '감정 이입'이라는 단어를 사용했지만, 다른 곳에서는 '동일시'나 '공감'이라는 단어도 사용했다. '내가 만약 이 사람이라면 어떤 느낌이 들까, 어떻게 행동할까?' 감정 이입하며 상대의 마음에 공감하는 것은 매우 중요하다. 그것이 공동체 의식으로 이어지기 때문이다. 괴로워하거나 곤란에 처한 다른 사람을 동정한다는 것은 공동체 의식을 갖고 있다는 증거다. 이런 점에서 동정이라는 감정이 사람과 사람을 결속시킨다고 말한 셈이다.

왠지 수상쩍은 동정

동정 또는 감정 이입이 가능한 사람에게 반드시 공동체 의식이 있느냐 하면, 그것은 좀 다른 문제다.

이 정동에는 정동 자체보다 오용이 많이 보인다. 자기가 유달리 강한 공동체 의식을 갖고 있는 사람임을 과시하려는 사람들이 있기 때문이다. 특히 다른 사람이 불행에 처했을 때 늘 지나치게 나서는 사람이 있다고 치자. 딱히 무엇을 하는 것은 아니다. 그런 방식으로 안이하게 공적인 명예를 얻으려 하고, 자기 이름이 보도되기만 바랄 뿐이다. 또는 정말로 타인의 불행을 기뻐하며 이리저리 뛰어다니고, 그런 행동을 그만두지 못한다. 열심히 선행을 베풀지만, 그 활동으로 가난한 사람이나 불쌍한 사람보다 자기가 우월하다고 느끼고 그 기분을 만끽한다.

여기에서도 '우월'이라는 단어가 쓰였다. 나에게 공동체 의식이 있다고 과시하는 사람, 또는 스스로 아무것도 하지 않지만 다른 사람에게 공동체 의식이 있는지 없는지 감시하는 사람, 또는 자기에게 공동체 의식이 있다고 떠들어대며 그 사실을 남들에게 인정받기 위해, 아들러의 표현을 빌리자면 "지나치게 나서는 사람"도 있다. 그런 사람들은 본연의 동정을 하는 것이 아니다. 다른 불행한 사람보다 내가 우위에 있다는 것을 느끼고 싶을 뿐이다. 이러한 이유로 동정이라는 말에는 언제나 수상쩍은 의문부호가 따라붙는다고 할 수밖에 없다.

비극에서 배울 수 있는 것

비극에서 기쁨을 느끼는 것이 잘못돼서 이 현상으로 귀속될 때가 있다. 마치 인간이 무대 위의 등장인물보다 뛰어나다고 느끼는 것 같다. 그러나 대부분의 사람은 여기에 해당되지 않을 것이다. 왜냐하면 비극 속에서 벌어지는 사건에 대한 우리의 관심은 대체로 우리가 자기 자신을 아는 것, 스스로 배우기를 원하는 데에서 유래하기 때문이다. 이것은 연극일 뿐이라는 생각이 우리를 떠나지 않으며, 우리는 거기에서 인생에 대한 준비가 촉진되길 기대한다.

꼭 비극에만 한정된 이야기는 아니다. 불쌍하기 짝이 없는 등장인물보다 내가 우월하다는 느낌을 받고 싶어서 연극 혹은 영화를 보는 사람은 그리 많지 않을 것이다. 오히려 그것으로 자기 자신을 들여다보고 깨닫기 위해 보는 사람이 더 많으리라 생각한다.

젊은 사람이 공동체 의식을 가지려면 어떻게 해야 좋을까? 나중에 리더십을 발휘하려면 대학생 시절에 뭘 공부해두면 좋으냐는 질문을 받은 적이 있다. 나는 "공감 능력을 익히는 것이 중요할 것"이라고 답했다.

다른 사람의 마음을 모르는 사람, 공감하지 못하는 사람은 리더가 될 수 없다. 아들러의 문장에서는 '비극을 보는' 사례를 들었는데, 비단 비극뿐만이 아니다. 나는 학생들에게 젊은 시절에는 소설을 읽거나 영화를 보면서 동정(여기에서는 '공감'이라고 하는 것이 나을지도 모른다.)하는 감성을 익히는 것이 중요하다고 가르친다. 그것이 '인생에 대비하는 준비'가 될 테니 말이다.

수치심에 대하여

부끄러움의 원인은 다른 사람들의 시선

사람과 사람을 떼어놓는 동시에 이어주기도 하는 정동은 수치심이다. 이것 또한 공동체 의식이 만들어내는 것이며, 그러므로 인간의 정신활동에서 사라지는 일은 없다. 인간의 공동체는 이 정동 없이는 불가능할 것이다.

수치심이 '사람과 사람을 이어주는' 이유는 이 정동이 타인을 전제로 하기 때문이다. 인간이 혼자서 살아간다면 부끄럽다는 마음은 애당초 생겨나지 않는다. 누군가 보고 있다고 생각하기에 부끄러운 마음이 생기는 것이다. 따라서 다른 사람이 안중에도 없는 사람은 부끄럽다고 느낄 일도 없다.

이런 경험이 실제로 없을 수도 있지만, 잠시 상상해보자. 누군가가 보고 있는 것 같아 문득 올려다봤는데, 사람이 아니라 마네킹이나 허수아비라면 안심될 것이다. 왜 안심되는 것일까? 반대로 그것이 정말로 사람이었다면, 왜 부끄러울까? 그것은 자기가 '다른 사람의 다른 사람'이기 때문이다. 요컨대 상대방이 나를 관찰하고 어떤 사람인지 가늠했다는 사실을 알아채버리기 때문이다.

누구나 다른 사람에 관해 이렇게 저렇게 상상하기 마련이다. 눈이 마주친 그 사람이 나에 관해 똑같이 생각했다는 것을 알기 때문에 부끄러운 것이다. 평범하게 행동하고 있었다면 부끄럽지 않을지도 모르지만, 남에게는 보이고 싶지 않은 모습을 들켰다면, 수치스러울 것이다.

대인관계를 피하기 위한 수치심

그렇다면 수치심은 어떤 상황에서 사람과 사람을 떼어놓을까?

수치심의 외적인 태도는 주위 사람으로부터 멀어지는 것이며, 도피의 의사 표시인 언짢음과 연결된 퇴각의 몸짓이다. 얼굴을 외면하는 것, 눈을 내리뜨는 것은 도피의 동작이다. 이 같은 행동으로 수치심은 사람과 사람을 떼어놓는 정동임을 분명하게 드러낸다.

시선이 마주치는 것은 사람들끼리의 연대를 드러내는 중요한 신호다. 그런데 수치스러워하는 사람은 다른 사람과 시선을 마주치지 못한다. 눈을 내리뜨지 말고, 얼굴을 들고, 상대의 눈을 똑바로 쳐다보자. 처음에는 꽤 힘들겠지만 똑바로 쳐다보는 일이 가능해지면 상대방과의 관계가 이전과는 다른 방향으로 전개될지도 모른다.

처음부터 대인관계 속으로 들어가려 하지 않는, 적어도 대인관계를 적극적으로 구축하려 하지 않는 사람들은 다른 사람을 만날 때 눈을 내리뜨고 만다. 부끄러움이라는 감정에 휩싸임으로써 대인관계를 회피하려 드는 것이다.

상담하러 온 사람이 말하기 전, 취하는 태도에 따라 대략 어떤 사람인지 파악할 수 있다. 카운슬러의 눈을 제대로 쳐다보느냐 마느냐와 같이 상대방의 눈길을 대하는 태도에서 그 사람이 얼마나 다른 사람과 관계 맺으려 하는지를 알 수 있다는 이야기다. 아들러의 표현을 쓰자면 '공동체 의식의 정도'를 알 수 있는 셈이다.

여기에서 다시 오용이 시작된다. 눈에 띄게 얼굴이 잘 붉어지는 사람이 있다. 그런 사람은 평소에도 동료와의 관계에서 연결되는 것보다는 떨어지는 것을 보다 예리하게 강조한다. 얼굴이 붉어지는 것은 사회로부터 물러나기 위한 수단이다.

사람들 앞에 서면 갑자기 얼굴이 붉어지는 적면증赤面症이 있고, 그래서 "이성을 사귈 수 없다."고 말하는 사람이 있다고 가정해보자. 이 사람은 사실 적면증 때문에 이성과 사귀지 못하는 것이 아니다. 아들러는 적면증이 "사회로부터 물러나기 위한 수단"이라고 말했다. 너무 냉정하다는 생각이 들지도 모르지만, 적면증이 있는 사람이 탐탁지 않아 그렇게 말한 것 같지는 않다.

첫 대면부터 논리정연하게 술술 이야기를 풀어놓는 이성을 탐탁지 않게 여기는 사람도 있을지 모른다. 고개를 숙이고, 눈도 마주치지 못하고, 우물쭈물하며 부끄러워하는 사람을 더 좋게 보는 사람도 있을 것이다. "적면증이 있어서 이성을 사귈 수 없다."고 말하는 사람에게는 이성을 못 사귀는 진짜 이유가 붉어지는 얼굴 때문이 아니라고 시간을 들여 차근차근 이해시킬 필요가 있다. 적면증이 아니라 그 사람의 평소 대인관계에 관해 이야기를 나눠야 한다.

자기 행동을 돌아볼 필요가 있다

아들러는 수치심이 다른 사람과의 관계를 회피하는 정동이라고 강조했지만, 현대 사회에서는 수치심이 없는 사람이 오히려 더 문제다. 수치심 없이 안하무인으로 행동하는 사람, '저런 행동을 하면 부끄럽지 않을까?' 의문스럽게 만드는 사람이 너무나 많다. 현대 사회에서는 그런 사람들이 자기가 세상 사람들에게 어떻게 보이는지 되돌아볼 필요가 있다.

플라톤의 《소크라테스의 변론》 중에서 한 문장을 소개한다. 소크라테스는 법정의 변론 연설에서 이렇게 말했다.

"재물은 최대한 많아지도록 마음 쓰면서, 또한 평판과 명예에 대해서도 그러면서, 지혜와 진리에 대해서는 그리고 자신의 영혼을 최대한 훌륭해지도록 하는 데는 전혀 마음을 쓰지 않고, 걱정조차 하지 않으면서 부끄럽지도 않은가."

우리도 부끄러움을 단지 개인적인 대인관계의 틀에서만 생각해서는 안 된다. 사분과 공분을 구분했듯이, 정의감을 배경으로 하거나 또는 그것을 바로 바라봄으로써 느낀 부끄러움에 관해 깊이 고민해봐야 한다. 가령 상사의 눈에 들어서 승진했더라도 '다른 사람을 발판 삼아 돈을 벌어도 괜찮은지, 자기 행동이 부끄럽지는 않은지, 다른 사람의 신뢰를 짓밟아서라도 나만 좋으면 되는지.' 곰곰이 생각해보기 바란다.

정동은 성격과 상관없이 누구에게나 드러난다. 그것은 대부분 갑자기 일어나는 수수께끼 같은 현상처럼 보인다. 그러나 이번 장에서 살펴봤듯이, 그 목적과 나아가 그것이 열등감으로 인한 것임을 깨닫는다면 화처럼 부정적인 감정을 사용하는 일은 줄어들거나 완전히 사라질 것이다. 그러면 인생 또한 상당히 달라질 것이다.

저는 열등감 때문에 화낸 것일까요?

> **Q** 저는 대학 교직원입니다. 평소에는 좀처럼 화내지 않는데, 오늘 상담하러 찾아온 학생에게 약간 화내고 말았습니다. 질문하러 온 학생이 설명을 제대로 이해하지 못하는 상황이었는데, "적 당히 좀 해라."라며 화내고 말았습니다. 이것은 의지를 관철시 키는 다른 가능성을 포기한 것일까요, 아니면 저에게 열등감이 있다는 의미일까요?

A 그렇게 감정적으로 행동하지 않고, 찬찬히 설명해야 옳았 다고 생각하신 거죠? 아들러였다면 이렇게 설명할 것입니다. 만약 에 좀 더 시간과 노력을 들여 찬찬히 설명했다면, 상대는 사정을 이해한 뒤 취해야 할 행동을 파악하고, 신속히 행동으로 옮길 것이 다. 그런데 그런 절차를 건너뛰고 화라는 감정을 사용한 것은 '나 는 본래 그런 행동을 하지 않는 인간'이라고 자각하는 사람으로서 매우 부끄러운 일이다. 그런 의미에서 보면, 당신은 열등감을 갖고 있는 것이라고 말이죠.

역시 열등감 때문에 화냈다는 말일까요?

 아뇨, 열등감이 있어서가 아니라 화내버린 스스로에게 열등감을 느낀다는 뜻입니다. 화로 문제를 해결하려 든 자신과 바람직한 평소의 자기 모습과의 차이에서 열등감을 느낀 것입니다. 이성적으로 시간과 노력을 들여 찬찬히 설명하는 것이 이상적인데, 현실의 나는 그렇지 못했다. 이상과 현실의 갭이 열등감으로 느껴진 것입니다.

 '그 순간'에 말인가요? '나중에' 말인가요?

 사실 '그 순간'이지만, 그 순간에는 아마 알아채지 못했을 것입니다. 이 강의를 듣고, 오늘 있었던 일을 떠올렸을 때, '아, 그때 그랬어야 했는데.' 하는 생각이 떠오른 거죠.

Q 평소에는 온화하게 말할 수 있는데, 오늘은 왜 그랬나 싶은 생각이 듭니다.

A 그것을 학생 탓으로 돌리면 안 됩니다. '다른 학생들은 내 설명을 잘 이해하는데, 이 학생은 왜 이렇게 못 알아듣지.'라는 생각이 든 순간 화가 났다고 여기면, 상대 탓으로 돌릴 수 있으니 둘러대긴 좋겠죠.

상대가 설명을 이해하지 못하면 답답하긴 하겠지만, 그것은 오롯이 자기 책임입니다. 직장에서도 부하 직원의 성과가 오르지 않거나 실수만 저지른다면, 인정하고 싶지 않을지도 모르지만 자기의 교육 방식에 문제가 있다고 받아들이는 것이 맞습니다. 그것을 상대 탓으로 돌리고, 화가 난 이유도 상대의 무능이나 이해 부족이라고 치부해버리면 열등감이 방향을 틀어서 우월감으로 바뀌어버립니다.

화로는 어떤 것도 해결할 수 없다는 점을 유념해야 합니다. 그 학생에게는 앞으로도 도움이 필요할지 모릅니다. 그런데도 앞으로는 당신을 피해버릴지 모르죠, 두 번 다시는 설명을 듣지 않겠다고 생각하면서 말입니다.

아마도 저에게는 다시 찾아오지 않을 것 같습니다.

 그렇게 되어버리면, 그야말로 '사람과 사람의 관계를 떼어 놓는 정동'으로 화를 사용해버린 결과가 됩니다. 이럴 때 할 수 있는 일은 그 학생에게 사과하는 것밖에 없습니다.

 사실 그 자리에서 바로 사과했습니다. 진심으로 사과했지만, 눈을 맞춰주지 않았습니다.

 상대가 시선을 피해도, 이쪽에서는 절대로 시선을 피하면 안 됩니다. 적어도 심적으로는 상대를 똑바로 봐야 한다고 생각합니다. 여기서 가장 큰 골칫거리는 당신이 '평소의 나는 그렇지 않다.'고 생각하는 것입니다. 많은 사람이 그렇게 생각하고 싶을지 모르지만, 평소의 나라는 존재는 사실 없습니다. 순간적으로 욱할 때의 나는, 즉 그 순간의 나입니다. 그때의 나일 수밖에 없습니다. 당신 스스로 그 학생과의 관계 속에서 순간적으로 어떤 행동을 취할지 결정했기 때문이죠.

평소에는 온화한데 혹시 내 안에 이따금 욱하고 화가 솟구치는, 제어할 수 없는 부분이 있나 하는 생각이 들었어요.

A 그렇게 생각하지 않는 편이 좋습니다. 자기 자신을 제어할 수 없다고 생각해버리면, 더 이상 어쩔 도리가 없습니다. 저도 평소에는 온화하다고 말하고 싶지만, 아버지 병간호를 할 때 걷잡을 수 없는 화에 사로잡힌 적이 있었습니다. 심장 박동이 빨라졌고, 아마 혈압도 올랐을 것입니다. 그토록 심하게 화난 적이 한 번 있었죠. 불행인지 다행인지 모르겠지만, 왜 그렇게 화났는지는 기억나지 않습니다.

그때 원인이 무엇이었느냐는 문제가 되지 않습니다. 아버지와의 관계에서 냉정을 유지하지 못한 나 자신이 있었을 뿐이니까요. 내가 얼마나 힘든지, 아버지에게 호소하고 싶었어요. 화내지 않고는 그것을 전달할 방법이 없다고 생각하자 아버지에게 이루 말할 수 없는 강렬한 분노를 느꼈습니다. 욕설을 퍼붓지는 않았지만, 그래도 절대 그렇게 행동해서는 안 되는 거였어요. 그렇지 않습니까? 상대의 행동이 달라지기를 바라면, 확실하게 말로 전달하는 방법밖에 없습니다. 아버지 입장에서는 내 아들이 갑자기 왜 이렇게 버럭 화낼까 의아하기만 하겠죠.

Q 선생님은 그때 아버지와의 관계가 멀어지기를 원했나요?

A 그랬죠. 그래서 다음 날, 아버지 얼굴을 보고 싶지 않아 아내에게 "나 대신 가달라."고 부탁했습니다. 그때까지는 아버지를 보살피는 것이 도리라고 생각했기 때문에 내가 간호하지 않으면 과연 누가 하겠는가, 어지간한 일이 없는 한 아버지에게 가지 않는 선택지는 없다고 생각했습니다. 그래서 명절이든 연휴든 매일같이 아버지 댁에 들렀습니다. 극도로 지쳐 있었죠. 그렇다면 "너무 피곤해서 내일은 못 옵니다."라고 말하면 그만인 것입니다. 아니면 아내나 가족에게 "미안하지만, 내가 너무 피곤하니 내일은 대신 가달라."고 부탁하면 그만입니다. 그런데도 나는 책임을 소홀히 하는 사람이 아닌, 착한 사람으로 보이고 싶어서 화라는 감정을 사용했습니다. 그에 대한 변명으로 '엉겁결에 욱해서'라고 말하고 싶었던 것입니다. 그래야만 나는 원래 좋은 사람이라고 과시할 수 있으니까요. 실은 그렇지 않은데도 말입니다.

Q 그 말씀이 너무 정곡을 찔러서 양심에 가책이 느껴지네요. 저도 좋은 사람으로 남고 싶었습니다.

A 좋은 사람인 척하는 연기는 이제 그만둡시다. 화라는 감정이 느껴질 때는 솔직히 말하는 것이 오히려 좋습니다. 분노에 휩싸였을 때, 그 정동은 어떻게 할 도리가 없습니다. 아들러는 그것을 가라앉히려면 공동체 의식에 의거해 행동하라고 이야기하지만, 그 순간에는 그것이 가능하지 않습니다. 그렇지만 차선의 대책으로 "지금 너의 태도 때문에 몹시 화났다."고 말하는 것은 가능합니다. 당연히 최선은 아니지만, 화를 고스란히 상대에게 퍼부어버리는 것보다는 훨씬 낫습니다.

그다음 단계는, 시간이 지난 후라도 괜찮으니까, 사실 상대가 어떻게 해주기를 바랐는지 냉정하게 되짚어본 다음 내 마음을 상대에게 직접 말로 전달하는 것입니다. 그것이 가능하다면, 이윽고 화라는 감정은 필요 없어집니다. 화라는 감정 자체를 눌러버리거나 제어하려는 시도는 성공할 수 없습니다. 화를 대신할 수 있는 방법을 써야 합니다. 구체적으로는 "이렇게 저렇게 해주시겠어요."라고 직접 말로 부탁합시다. "그런 행동은 그만하세요.", "저는 그런 말투가 너무 싫어요, 삼가주세요."라고 말하면 됩니다. 앞으로는 그런 훈련을 하시기 바랍니다.

성격이 아닌 행동의 문제로 바꿔서 보는 것도 좋은 시도입니다. 좋은 사람으로 보이려고 애쓰는 대신 '나는 그때그때 자신의 행동을 선택할 수 있는 존재이며 상대와 보다 나은 관계 맺기 위해 부단히 노력해가겠다.'고 마음먹읍시다. 때로는 잘못된 선택으로 실패하기도 하겠지만, 사실 그런 때라도 너무 침울해질 필요는 없습니다.

5

첫째·둘째·막내·외동

태어난 순서에 따른 성격 차이

ADLER

형제 관계가 성격 형성에 미치는 영향

누구든 첫 대면하는 사람과 이야기하는 중에 몇째냐고 질문하면,
그 사람의 성격이 비교적 어떨지 짐작할 수 있다.
같은 부모 밑에 태어났고, 다르지 않은 가정환경에서 자랐는데도
불구하고 왜 자녀들의 성격은 제각각 다를까?
《성격심리학》에서는 형제 관계(형제자매를 전부 포함해서 '형제'라고 쓰는
것이 심리학의 규칙 중 하나다.)에 대해 다루지 않았지만,
아들러는 사람이 자기 성격을 '선택할' 때 '영향을 미치는 요인' 중
하나로 '형제 관계'를 들었다. 여러 저서에서 그 영향이
부모 자식 관계보다 크다고 지적하기도 했으므로
지금부터 형제 순위가 성격에 어떠한 영향을 미치는지,
아들러의 문장을 인용하면서 살펴보겠다.
이번 장에서는 첫째인가, 중간 아이인가, 막내인가, 혹은
외동인가에 따라 성격이 크게 다르다는 점을 살펴볼 것이다.
이때 주의할 점은 이런 분류가 어디까지나
'그런 경향이 있다.'는 유사성에 기반한 것이라는 점이다.
사람은 다 다르다. 완전히 똑같은 사람은 없다.

형제들은 왜 성격이 다를까?

같은 환경에서 자라났다는 착각

인간은 모두 저마다의 고유한 라이프스타일을 갖고 있다. 한 그루의 나무에서 완벽하게 똑같은 잎을 발견하는 것이 불가능하듯이, 완전히 똑같은 두 사람을 발견하는 것도 불가능하다.

위에 쓰인 '라이프스타일'의 뜻을 '성격'과 같다고 생각해주기 바란다. 아들러가 창시한 심리학은 '개인심리학'이라고도 불린다. 여기에는 몇 가지 이유가 있다. 첫째는 분할할 수 없는 전체로서의 인간을 다루는 심리학이라는 것이다. 개인individual 이란 '분할할 수 없다.'는 의미다. 또 다른 이유는 아들러가 개인의 독자성에 관심이 있었기 때문이다. 사람은 다른 누구와도 같지 않은 독특한 존재다. 개인의 독자성을 강조하면 '첫째는 이런 유형의 사람이다.'라고 일반적으로 논하는 방식은 불가능하기 때문에 학문으로 성립하기는 어렵다. 일반적인 틀에 꿰맞춰버리면 "나는 그런 사람이 아니야."라며 반발하는 사람도 생길 것이다. 개인심리학자는 '인간의 유형'에는 관심이 없다. 유형을 분류하는 이유는 개인의 유사성에 관해 보다 잘 이해하기 위한 수단이라는 점을 잊어서는 안 된다고도 앞에서 말했다.

한 가족의 자녀들이 같은 환경에서 성장했다고 생각하는 것은 아주 흔한 오해다. 물론 한 가족의 구성원들에게는 비슷한 점이 많다. 그러나 자녀 각자의 정신적인 상황은 독자적이며, 다른 자녀의 상황과는 다르다. 형제 순위에 따른 차이가 있기 때문이다.

각자 어린 시절을 떠올려보자. 현재 자녀와 함께 생활하고 있다면 더욱 쉽게 이해할 수 있을 것이다. 같은 가정에서 자라나도 자녀들은 가정에서 일어나는 일들을 똑같이 받아들이지는 않는다. 부모는 그런 점을 제대로 이해하고 있어야 한다. 형제 순위도 중요하다. 예를 들면 첫째로 성장한 부모는 설령 자기 자녀라 해도 가운데 위치한 아이의 심리를 정확하게 이해하기는 힘들 수 있다. 같은 가족이라도 자녀 개개인에 따라 차이가 있다는 점 먼저 인식해야 한다.

같은 나무에서 자라났더라도

많은 사람이 '같은 가족에 속한 아이인데, 왜 이렇게 다를까?'
질문한다. 일부 과학자는 그것을 유전자로 설명하려고 시도했
으나 우리는 그런 생각이 미신에 불과함을 지켜봐왔다. 아이와
어린 나무의 성장을 비교해보자. 한 무리의 나무가 같은 토양에
서 자라나더라도 실제로 한 그루 한 그루의 상황은 매우 다르
다. 만약 어떤 나무 한 그루가 태양과 토양의 조건이 좋아서 빨
리 큰다면, 그 나무의 발달은 다른 모든 나무의 성장에 큰 영향
을 미칠 것이다. 다른 나무 위로 그늘을 드리울 뿐만 아니라 뿌
리도 멀리까지 뻗어 다른 나무의 영양을 가로챌 테니까. 성장을
방해받은 다른 나무는 크게 자라지 못한다. 똑같은 현상을 형제
중에 한 사람만 우수한 가족에게도 적용시킬 수 있다.

같은 부모 밑에 태어나서 다르지 않은 가정환경에서 성장했
는데도 불구하고, 형제들은 왜 제각각 성격이 다를까? 결국 자
녀 본인이 성격을 선택했기 때문이라는 것이 아들러의 대답이
다. 이 점에 관해서는 다음 장에서 자세히 살펴보기로 하고, 앞
의 인용문부터 해설해보겠다.

스스로 자기 성격을 선택한다고 하더라도, 거기에 영향을 주

는 요인이 있다. 바로 형제의 탄생이다. 예를 들면 첫째로 태어나 가족의 단 하나뿐인 귀한 아이로 주목받고 살아왔는데, 어느 날 갑자기 동생이 태어난다. 그러면 예전처럼 자기 혼자만 주목받는 것은 불가능해진다. 형이나 누나는 동생이 태어나기 전 혼자 받던 주목과 관심을 더 이상 받을 수 없다. 첫째 아이는 주목받을 수 없는 상황에서 어떤 태도를 보일지 고민하지 않을 수 없다. 그것이 성격 형성에 큰 영향을 주는 것이다.

형제 중 아주 '우수한' 아이가 있다면 다른 아이들이 부모에게 충분히 주목받기 어려워지기도 한다. 우수한 형제를 도저히 따라잡을 수 없다고 포기해버리는 자녀도 있을 것이다. 건설적인 해결책을 모색하는 아이는 '형이 공부를 굉장히 잘하니까 나는 운동을 열심히 하자, 예술 분야에서 두각을 나타내자.' 결심한다. 이길 수 있을 것 같은 생각이 들면 경쟁에 도전한다. 언니나 형보다 뛰어나겠다고 굳게 결심하고 열심히 공부해서 실제로 이길 수도 있을 것이다.

반대로 경쟁을 시도했으나 이기지 못할 수도 있다. 부모가 '공부는 매우 중요하다.'고 항상 강조하는 가정에서 부모의 가치관에 부응하는 방식으로 살아가는, 다시 말해 공부를 열심히 해서 좋은 성적을 거두는 데 성공한 아이는 이른바 승자이지만 성적이 좋지 않은 아이는 패자 그룹에 속한다. 패자 그룹에 속한 아이들은 문제 행동을 결심하기도 한다. 소극적인 아이라면 학교에 안 가거나 할 테고, 적극적인 아이라면 비행으로 치달을 것이다. 양쪽 다 그런 행동으로 부모를 걱정시키고, 자신을 포기하게 만들려고 한다. 혼자만 있을 때와 다른 형제가 태어났을 때는 처한 상황이 확연하게 달라진다. 당연히 부모의 대응 변화를 포함해 어떻게 대응할지 고민해야 한다. 이에 따라 형제마다 성격이 많이 달라진다.

첫째 아이가 반드시 하는 경험

《인생 의미의 심리학》에서는 첫째 아이에 대해 이렇게 이야기한다.

첫째 아이는 일반적으로 많은 주목을 받으며 응석받이로 자란다. 가족의 중심에 있는 것이 익숙하다. 그러다 너무나 갑작스럽게 아무런 준비도 없이 자기가 있던 지위에서 밀려나버린 것을 깨닫는다. 다른 아이가 태어나면 더 이상 나 혼자가 아니다. 이제는 부모의 주목을 경쟁자와 공유해야 한다.

첫째는 한동안 부모를 독점한 채 애정, 주목, 관심을 한 몸에 받는다. 그러나 여동생이든 남동생이든 태어나면, 동생에게 부모를 빼앗긴다. 부모는 첫째에게 "우리는 지금까지와 똑같이 널 사랑해."라는 표현하고, 이 말은 분명 거짓이 아니다. 부모는 진심으로 그렇게 생각한다. 그러나 첫째 아이는 과연 어떻게 받아들일까? 첫째에게 부모의 말은 전혀 사실이 아니다.

자녀를 키워본 사람들은 충분히 짐작하겠지만, 물리적인 시간의 대략 80퍼센트 정도는 갓 태어난 아이에게 빼앗겨버린다. 갓난아기는 쉴 없이 보살펴야만 한다. 부모는 첫째 아이에게 "귀엽지? 네 동생이야."라고 말하지만, 형이나 언니 입장에서는 산부인과에서 엄마와 같이 돌아온 동생이 전혀 귀엽지 않은 경우가 흔하다.

첫째 아이는 한동안 외동 같은 인상을 받는다. 그러나 시기는 달라도 나중에는 반드시 왕좌에서 폐위된다.

《아들러 삶의 의미Der Sinn des Lebens》에서는 이렇게 설명한다. 부모가 아무리 "우리는 지금까지와 똑같이 널 사랑해."라고 이야기해도, 실제로는 엄마 아빠의 시간과 노력을 거의 다 동생에게 빼앗겨버리기 때문에 모두의 애정을 한 몸에 받으며 응석받이로 살아온 첫째는 왕좌에서 폐위될 수밖에 없다. '왕좌 폐위dethronement'에서 '스론throne'은 '왕관'을 의미한다.

첫째 아이는 당연히 왕좌에서 쫓겨나고 싶어 할리가 없다. 더불어 이 폐위는 물리적인 것이 아니라, 이를테면 '심리적인 하강'이므로 폐위되지 않는 아이도 있다. 첫째가 모두 동생에게 왕좌를 빼앗기는 것은 아니다. 아들러는 《아이들의 교육》에서 이렇게 말했다.

손에서 떨어진 돌은 반드시 낙하하지만, '심리적인 하강'에서 엄밀한 인과율은 문제가 되지 않는다.

'왕좌 폐위'의 영향

그렇다면 왕좌에서 밀려난 첫째는 어떻게 할까? 다시 부모의 주목과 관심을 빼앗아와야 한다. 이때 첫째가 떠올리는 수단 중 하나는 착한 아이가 되는 것이다. 말을 아주 잘 듣는 착한 아이가 되려고 한다. "너는 이제 언니(형)야."라는 말을 들은 아이들은 '맞아, 난 이제 언니(형)니까 열심히 잘해야 해.'라고 생각하고, 부모의 마음에 들 만한 행동을 열심히 하기 시작한다. 안타깝게도 그것이 꼭 잘 풀리지는 않지만 말이다. "동생 좀 보살펴주렴."이라는 부모의 부탁을 받은 첫째는 동생이 소리

높여 울어대는 상황에서 "너, 또 쓸데없는 짓 했지."라며 야단맞기도 한다. 그럴 때는 열심히 해도 부모에게 인정받지 못한다는 서운함에 완전히 달라져서 못된 아이가 되기로 마음먹고 문제 행동을 일으킨다. 부모가 가장 곤혹스러워하는 짓을 아주 곤란한 타이밍에 시도한다. 당연히 야단맞지만 그런 방식으로라도 부모의 관심을 끌고 싶기 때문에 문제 행동을 멈추지 않는다.

일반적으로 첫째는 부지런한 노력형이지만, 힘으로 문제를 해결하려 드는 측면도 있다. 동생들에 비해 압도적으로 힘이 세기 때문이다. 힘으로는 자기가 앞서기 때문에 문제를 힘으로 해결하려고 하고, 그것이 잘 풀리는 경험을 거듭하다 보면 어른이 되어서도 타인에게 똑같은 시도를 한다.

첫째 아이는 보통 어떤 방식으로든 과거에 관심을 보인다. 과거를 되돌아보고, 과거에 관해 이야기하기를 좋아한다. 과거 숭배자이며, 미래에 대해서는 비관적이다. 자기의 힘, 자기가 지배하던 작은 왕국을 잃어버린 아이는 때때로 다른 사람보다 힘과 권위의 중요성을 잘 이해한다. 성장하면 권력 행사에 참여하는 것이 좋아져서 지배와 법률의 중요성을 과장한다. 모든 것은 지배에 따라 행해져야 하며, 어떤 법도 바뀌어서는 안 된다. 힘은 항상 그것을 가질 자격이 있는 사람의 손에 의해 유지되어야 마땅하다. 어린 시절의 이런 경험이 첫째들을 보수주의자로 강하게 이끈다는 사실을 이해할 수 있다.

아들러가 《인생 의미의 심리학》에서 이야기한 대로, 첫째 아이는 대체로 보수적이다. 왜 그럴까? 상황이 변해서 좋아진 것이 전혀 없었기 때문이다. 오직 자기만 바라보던 부모가 변한 원체험原體驗(기억에 오래 남아 영향을 끼치는 어린 시절의 체험) 때문에 변화를 몹시 두려워한다. 첫째들은 어른이 된 후에도 경쟁자의 출현이 두렵다. 사춘기에 누군가 좋아지더라도, 지금의 관계가 어떻든 틀림없이 자기 존재를 위협하는 강력한 경쟁자가 나타날 것이라 생각하고 마는 것이다. 어린 시절의 경험 때문에 상대방과 좋은 관계를 유지하고 있어도 굳이 잘 풀리지 않는 면을 찾아내려 한다.

'어쩌면 이 사람은 나를 별로 사랑하지 않을지도 몰라.'라고 생각하는 데서 한발 더 나아가 '이미 경쟁자가 있을지도 몰라.'라는 의심까지 들면 상대의 행동에서 자기를 사랑하지 않는 증거를 찾아내려 한다. 일단 그렇게 오해하면 얼마든지 사랑이 식은 증거를 찾아낼 수 있기 때문에 연애가 잘 풀리지 않는다. 어린 시절의 경험으로 인해 성인이 되어서 상대가 바뀌어도 같은 경험을 되풀이하는 것이다.

언제 왕좌에서 폐위될까?

왕좌에서 폐위되는 나이에 따라서도 상황은 크게 달라진다. 아들러는《삶의 의미를 찾아서》에서 "1년 간격조차도 평생토록 왕좌 폐위의 흔적을 또렷이 남기기에 충분하다."며 3년 이상 터울이 지면 경쟁 관계가 안 된다고 말했다. 하지만 내 경험으로 보면 3년 이상 차이가 나도 경쟁 관계를 피할 수는 없다. 아들러는《삶의 의미를 찾아서》에서 이렇게 설명했다.

첫째 아이에게 이미 획득된 인생의 공간이 둘째 아이로 인해 제한된다는 점을 고려해야 한다. 이 상황을 보다 자세히 알기 위해서는 많은 요인을 증거로 삼아야 한다는 것은 분명하다. 특히 시간의 간격이 길지 않으면, 벌어진 일들의 전체는 '말없이' 개념을 주고받지 않은 채 행해진다는 점도 고려해야 한다. 그러면 나중의 체험에 의해 교정되는 것이 아니라 단지 전체의 연관에 관한 개인심리학의 지식에 의해서만 교정된다.

말이 통하지 않을 무렵에 왕좌에서 폐위되면 아이는 패닉 상태에 빠진다. 자기가 왜 이렇게 불안한지 이해할 수 없기 때문이다. 경쟁자가 출현해서 부모의 애정과 관심을 빼앗겨버린 상황의 의미도 알지 못한다. 어느 정도 말을 이해하면 부모가 설명해줄 수 있지만, 현실적으로 불안을 완전히 제거하기는 어렵다.

지금 3살인 내 손녀도 남동생이 태어났을 때 공황 상태에 빠졌다. 비교적 말이 빠른 편이라 부모와 대화도 여러 번 나누었다. 말이 통하면 어느 정도 설명할 수 있다. 그런데도 손녀는 "작은 아이가 무섭다."고 말했다. "작은 아이가 무섭다."는 첫째의 진짜 속내는 부모도 이해하기 어려울 수 있다. 그래도 자기 감정을 확실하게 말로 표현할 수 있는 나이라면 '무섭다.'고 느끼지 않아도 된다고 부모가 아이에게 설명할 수 있다. 자기감정을 객관화할 수 있다면, 아이가 불안이나 두려움에서 탈피할 가능성도 있다.

응석받이로 자란 첫째일수록 미움의 감정을 느낀다

《삶의 의미를 찾아서》에서는 둘째에 대한 첫째의 감정이 '미움'으로 치달을 때도 있다고 지적한다.

이따금 드러나는 미움의 감정 혹은 죽음의 욕구는, 우리에게 잘 알려진 올바르지 못한 공동체 의식의 교육에 따른 인위적인 산물이다. 주로 응석받이로 자란 첫째 아이에게서 보이고, 자주 둘째 아이에게로 향한다. 둘째 아이에게서는 이와 비슷한 감정과 불쾌감이 나중에 태어나는 아이들에게, 특히 동생들이 응석받이일 때 드러난다. 덧붙여 첫째 아이가 심하게 응석받이로 자라면, 그 특별한 입장 때문에 다른 아이들보다 대체로 왕좌 폐위에 대한 강렬한 감정을 느낀다.

나중에 태어난 아이에게 "미움의 감정 혹은 죽음의 욕구"를 느낀다는 것은 무서운 말이다. 젊은 사람이 "저런 애는 죽어버리면 좋겠어."라고 말할 때가 있는데, 옆에서 그런 말을 들으면 소름이 끼친다. 아들러는 동생이 태어나기 전에 응석받이로 크고, 자기가 가족의 중심이라고 믿었던 첫째가 동생을 특히 쉽게 미워한다고 지적했다.

보편적인 이야기는 아니다. 아들러도 "올바르지 않은 공동체 의식의 교육에 따른 인위적인 산물"이라고 말했다. '다른 사람과 협력하는' 방법을 아이에게 올바르게 가르쳐줄 수 있다면 이런 상황은 얼마든지 피할 수 있다. 동생은 결코 경쟁사가 아니라고 분명히 가르쳐야 한다. 언니나 형으로서 동생들이 의지할 수 있는 기둥이 되어야 하고, 힘을 합해 살아가야 한다고 확실히 가르치자. 그런 교육을 아이가 제대로 이해한다면 동생들을 죽이고 싶어 할 만큼 미워하는 일은 벌어지지 않는다.

부모는 첫째를 어떻게 대해야 할까?

앞에서도 말했듯이, 아이에게 서로 협력해야 한다는 것만 제대로 가르치면 큰 문제는 생기지 않는다. 그러므로 부모가 아이를 대하는 방식이 매우 중요하다.

첫째인 아이들은 종종 다른 사람을 지키거나 돕고 싶어 하는 사람으로 자라난다. 이런 사람은 아버지나 어머니를 모방하는 훈련을 한다. 아래 형제에게 자주 아버지나 어머니의 역할을 대신한다. 형제를 보살피거나 가르치고, 형제의 행복에 책임을 느낀다. 다른 사람을 보호하려는 노력이 과장되면 다른 형제들을 계속 의존하게 만들거나 지배하려는 욕구로 나아갈 수도 있지만, 그것은 바람직한 경우다.

아들러는 《인생 의미의 심리학》에서 이렇게 말했다. 비관적인 관점으로 보자면, 부모가 협력의 중요성을 가르치고 응석받이로 키우지 않아도 아이가 문제 행동을 일으킬 수도 있다. 물론 아들러가 말한 것처럼 적절한 방식으로 관계 맺지 않는 것보다는 나을 것이다. 다만 첫째가 동생들에게 보호하고 있음을 과시하면 지배적인 관계가 형성되어버리거나 동생들이 의존적으로 변할 수도 있다. 아들러는 호의적으로 해석해서 "바람직한 경우다."라고 말한 것 같다.

보통 첫째 아이는 동생의 등장에 아무런 준비가 되어 있지 않다. 갑자기 등장한 아기가 첫째한테서 주목, 애정, 감사를 가로채는 것은 분명하다. 그러므로 엄마를 되찾아오기 위해 주목을 끌 방법을 고민하고, 애정을 차지하기 위해 싸운다.

《인생 의미의 심리학》에서 설명한 대로, 첫째가 엄마의 관심을 자기 쪽으로 돌리려고 애쓰는 모습은 흔히 볼 수 있다. 엄마에게도 첫째는 처음 얻은 아이이므로 온 마음을 다해 사랑한다. 여기서 아들러는 부모가 아이를 사랑하지 말아야 한다고 이야기하는 것이 아니다. 엄마의 역할에 대해서는 반드시 알아둘 필요가 있다고 말하는 것이다.

아이에게 엄마는 이 세상에서 맨 처음 만난 '동료'다. 자기 이외의 사람을 함정에 빠뜨리려는 무서운 사람이 아니고, 필요할 때 자기를 도와줄 동료로 받아들이는 것은 매우 중요하다. 그렇게 생각해야만 다른 사람과 협력하고, 도움이 되려는 마음을 가질 수 있다. 엄마는 다른 사람들이 적이 아님을 반드시 아이에게 가르쳐야 한다. 그보다 앞서 엄마 스스로 아이가 이 세상에서 처음 만나는 동료가 자기라는 사실을 자각해야 한다.

문제는 엄마가 아이에게 '자기만' 동료라고 가르치는 것이다. 엄마가 아이를 독점해버리면 안 된다. 자기 이외의, 아빠는 물론이고 다른 사람도 모두 '동료'라고 가르쳐야 한다. 그렇지 않으면 아이는 협력하는 방법을 배우지 못한다. 이런 면에서 부모의 책임은 실로 막중하다.

둘째

요령 좋은 둘째 아이

《인생 의미의 심리학》에서는 둘째 아이에 대해 이렇게 설명한다.

첫째 다음에 태어나는 둘째도 마찬가지로 언젠가 자기의 지위를 잃어버릴지도 모르지만, 아마도 첫째만큼 강하게 충격을 받지는 않을 것이다. 그들은 이미 다른 아이와 협력해봤고, 단 한 번도 혼자만 보살핌과 주목을 받는 유일한 대상이 되어본 적이 없다. 그러니 부모의 사랑을 느낄 수 있고, 가족 내 자기 위치를 확신하며, 동생들을 주의 깊게 보살필 훈련과 준비가 되어 있다면 동생들의 등장은 나쁜 영향 없이 원만하게 지나갈 것이다.

둘째 아이는 태어날 때부터 첫째가 있었기 때문에 단 한 번도 부모의 사랑이나 주목, 관심을 독점한 적이 없다. 시작점부터 첫째와는 결정적인 차이가 있다.

둘째는 전혀 다른 순위, 다른 아이와 비교가 불가능한 상황 속에 놓인다. 태어날 때부터 첫째와 부모의 주목을 공유하므로 첫째보다 협력에 조금 더 가까운 지점에 있는 것이다. 주위에 사람이 많고, 첫째가 미워하며 밀어내지 않는 한 둘째는 매우 좋은 지위를 차지하고 있는 셈이다. 그러나 둘째에게 가장 중요한 사실은 어린 시절 내내 페이스메이커가 존재한다는 점이다. 나이와 성장이라는 점에서 항상 자기 앞에 있는 다른 아이는 둘째에게 따라잡고 싶어 끊임없이 노력하게 만드는 자극제가 된다. 한두 걸음·앞에 누군가 있으니 따라잡으려면 서둘러야만 한다. 전형적인 둘째는 이 사실을 금방 알아챈다. 그러므로 언제나 전력을 다한다. 끊임없이 첫째보다 뛰어나고 싶어 노력한다.

마라토너를 떠올리면 '페이스메이커'란 말이 쉽게 이해될 것이다. 맨 앞에서 달리는 사람은 힘이 많이 든다. 그렇기 때문에 바람의 저항을 피하려고 페이스메이커 뒤에 바짝 붙어서 달리는 주자가 있다. 이것이 바로 둘째다. 페이스메이커는 자기 역할이 끝나면 경기 도중 코스 밖으로 나가는데, 첫째라는 페이스 메이커가 지친 듯하면 둘째가 단숨에 추월해버리기도 한다. 다시 말해 요령이 좋다. 둘째는 첫째의 실수를 보고 자라기 때문에 절대 똑같은 실수를 하지 않는다.

초등학교에 입학할 때를 떠올려보면 쉽게 이해할 수 있다. 첫째에게 학교란 알 수 없는 곳이다. 막상 다녀보기 전까지는 무슨 일이 벌어질지 모르기 때문에 생각만 해도 상상하기 어려울 정도로 불안해하고, 초조해지는 공간이다. 그러나 둘째는 첫째의 경험을 속속들이 관찰함으로써 초등학교와 공부에 대해 어느 정도 상상할 수 있다. 고로 첫째가 저지른 실수는 절대 하지 않는다. 첫째와는 다르게 매우 요령이 좋은 셈이다. 둘째에게 첫째라는 페이스메이커의 존재는 대단히 중요하다.

둘째 아이는 경쟁에 익숙하다

아들러는 《인생 의미의 심리학》의 내용 중 성경에서도 흥미로운 예를 인용했다.

《성경》에는 멋진 심리학적 통찰이 내포되어 있다. 둘째 아이의 전형적인 양상은 야곱의 이야기에 아름답게 묘사된다. 야곱은 최고가 되어 에서의 지위를 빼앗고, 에서를 완전히 누르고 더 뛰어나고 싶었다.

둘째 아이는 뒤에서 느릿느릿 걸어가는 감각에 초조함을 느껴서 다른 사람을 따라잡으려고 열심히 노력한다. 그래서 자주 성공을 거둔다. 이런 성장은 유전자와 관계된 것이 아니다. 보다 빨리 앞서갔다면 그렇게 될 수 있도록 열심히 노력한 결과다. 이에 둘째는 성장해서 가정을 벗어나도 페이스메이커를 자주 이용한다. 둘째 아이는 자기 자신을, 자기보다 유리한 위치에 있어 앞지르고 싶은 누군가와 계속 비교한다.

에서와 야곱은 《구약성서》〈창세기〉에 등장하는 쌍둥이 형제로, 동생인 야곱이 형인 에서인 척해서 아버지 이삭을 속이고, 상속권을 손에 넣는다.

첫째에게 우수한 둘째는 위협적이다. 우수한 여동생을 둔 오빠들은 아주 강렬하게 위기감을 느끼기도 한다. 대부분 오빠의 주관적이고 잘못된 믿음 때문이지만, 여동생이 자기보다 뛰어나지 않을까 걱정하는 오빠가 문제를 일으키는 사례도 드물지 않은 듯하다. 형제 사이의 경쟁 관계와 더불어 남성이 우위여야 한다는, 여전히 사라지지 않은 사회적 가치관도 관계가 있을 것이다.

나에게도 1살 어린 여동생이 있다. 어린 시절 여동생은 학교 성적이 월등히 우수했을 뿐만 아니라 살아가는 요령까지 좋아 보였다. 나는 저렇게 될 수 없다는 생각에 강한 열등감을 품었던 적도 있다. 하지만 어른이 돼서 대화해보니 동생은 내가 더 우수하다고 생각했다고 한다.

아들러는 첫째와 둘째가 각자 고유한 꿈을 꾼다고 했다. 첫째는 주로 떨어지는 꿈을 꾼다. 발을 크게 헛딛거나 추락하는 꿈을 꾸는 것이다. 그런 꿈을 꾸는 이유는 우월성을 추구하지만, 자신감이 없기 때문이다. 뛰어나기 위해 노력하지만, 이길 수 있다는 확신은 없다. 그래서 떨어지는 꿈을 꾼다. 반면 둘째 아이는 경쟁하는 꿈을 자주 꾼다. 기차를 쫓아가는 꿈이나 자전거로 경쟁하는 꿈 말이다. 어떤 꿈을 꾸었는지 이야기를 들어보는 것만으로도 형제 중 어느 위치인지 알 수 있을 정도로 내용이 각자 다르다.

아들러는 꿈이 현실의 리허설이라고 생각했다. 낮에 깨어 있는 상태에서도 밤에 잠잘 때도 같은 라이프스타일과 성격으로 살아간다는 이야기다. 문제 해결의 방식은 깨어 있을 때나 잠들어 있을 때나 완전히 똑같다. 바꿔 말하면, 꿈은 인간의 라이프스타일이나 성격을 매우 또렷하게 드러낸다. 상담 과정에서도 꿈 이야기를 듣고, 라이프스타일이나 성격을 진단할 때도 있다. 그렇지만 꿈속에 나타난 것이 상징하는 바와 그 의미를 해석하지는 않는다. 아들러 심리학에서는 꿈속에서 인생의 과제를 어떻게 해결하려 하는지에 더 주목하기 때문이다.

둘째 아이는 싸움을 즐긴다

《아들러의 인간 이해》에는 다음과 같은 말이 나온다.

여기에서 우리는 끊임없는 싸움을 본다. 이것은 진실된 힘이 있는 것이 아니다. 힘이 있어 보이고 싶어 하지만, 둘째 아이는 목표를 달성해서 앞에 있는 첫째 아이보다 뛰어나지거나 또는 싸움에 패해서 신경증에 다다르게 되기 전까지 자신을 억누를 수가 없다. 둘째 아이의 심정은 무산계급의 질투, 즉 냉대받고 있다는 압도적인 기분에 비유할 수 있다. 둘째 아이의 목표는 매우 높게 설정되어 있어서 그로 인해 평생 동안 괴로워한다. 인생의 진정한 사실을 이념이나 허구나 무가치한 외관 때문에 놓쳐버린 결과, 내적인 조화를 잃는다.

첫째에게 반드시 이겨야 한다고 생각하는데 그것이 이뤄지지 않아 고달프게 사는 둘째 아이도 있다. 형이나 언니가 우수하다고 자기도 그래야만 하는 것은 아닌데 말이다. 형이나 언니가 잘하지 못하는 분야에서 노력하면 될 텐데, 형제와 같은 씨름판에서 싸우고 마는 것도 둘째의 특성이다.

《사람은 왜 신경증에 걸릴까》에서 아들러는 둘째의 또 다른 특징을 이렇게 설명했다.

> 이후의 인생에서 둘째 아이가 다른 형제의 엄격한 리더십을 견디어내거나 혹은 '영원한 법'이라는 생각을 받아들이는 경우는 거의 없다. 좋은 일이든 나쁜 일이든 쓰러뜨리지 못할 권력은 없다고 믿는 경향이 있다.

권위에 복종하지 않는다. 아들러는 '혁명적인 수완'이라고 말하지만, 지배적인 사람이나 전통에 대항해 어떻게든 현상을 타파하려고 시도하는 것은 둘째의 특징이다. 스스로를 부모 권위의 대표자이자 '권위와 법의 신봉자'라고 생각하는 첫째에게는 둘째가 절대 져서는 안 되는 상대로 여겨진다.

가운데 아이의 경우

아래로 동생이 태어나지 않으면 '막내'가 되겠지만, 그렇지 않다면 첫째와 동생 사이에 낀 '중간 아이'가 된다. 위아래로 짓눌린 스퀴즈squeeze가 되는 것이다. 태어날 때는 첫째가 있어도 부모의 주목이나 관심을 자기에게 돌릴 수 있다. 그러다 동생이 태어나면, 부모의 주목이나 관심을 빼앗겨버린다. 가장 주목받기 힘든 아이가 되는 것이다. 그런 의미에서 현대 아들러 심리학자는 중간에 낀 아이를 '사이에 끼어서 착취당하거나 짓눌리는 아이들'이라고 설명하기도 한다.

중간 아이는 부모에게 주목받기가 어렵기 때문에 문제를 일으키기도 하지만, 자립적이 되기도 한다. 부모에게 의지하지 않는 것이다. 부모의 기대가 크지 않기 때문에 일찌감치 자립한다. 형제 중 가장 빨리 가정 밖으로 나가기 쉬운 아이가 중간 아이다. 도시에서 자란 아이라면 부모 곁을 떠나 다른 지방의 학교에 입학하거나 취직하는 일도 비교적 많은 듯하다. 부모의 입장에서 보면, 가운데 낀 자녀에게 특별히 주의를 기울일 필요가 없다. 나도 상담할 때 '이 아이는 자기가 부모에게 관심받지 못했다고 생각할지 모른다.'는 마음에 좀 더 의식적으로 관심을 기울이곤 한다.

막내

가족의 영원한 아기

동생이 있는 모든 아이는 왕좌에서 밀려나는 경험을 한다. 그러나 막내만은 왕좌에서 밀려나지 않는다. 나중에 태어나는 아이가 없고, 페이스메이커가 많기 때문이다. 막내는 언제나 가족의 아기로, 아마도 가장 많이 응석을 부릴 것이다. 응석받이로 자란 아이라면 누구나 갖고 있는 문제들에 직면하지만 매우 크게 자극받고 거세게 경쟁하기 때문에 막내는 자주 월등하게 잘하고, 다른 아이들보다 빨리 성장하고, 모든 아이 중 가장 뛰어나다. 막내의 위치는 인간의 역사를 통해 변함이 없다. 우리의 가장 오래된 전설에서 막내가 형이나 언니보다 얼마나 뛰어났는가에 관한 이야기를 찾아볼 수 있다.

아들러는 《인생 의미의 심리학》에서 막내를 "가족의 아기"라고 표현했다. 이것은 현대의 아들러 심리학자도 사용하는 용어다. 다른 형제 순위의 아이는 반드시 듣지만, 막내에게는 절대 못 듣는 말이 있는데, 혹시 짐작이 가는가? 바로 "오늘부터 넌 언니(형)야."라는 말이다. 말할 필요도 없이 동생이 태어나지 않기 때문이다.

형이나 언니에게는 어느 정도 연령에 일어난 일인데, 막내에게는 그 연령이 되어도 일어나지 않는 상황에 관해 부모는 별로 신경 쓰지 않는다. 따라서 '영원한 아기'라고 표현하는 아들러 학파의 카운슬러도 있다. 그런 의미에서 막내는 매우 의존적인 경우가 많다. 본래 자기가 해내야 하는 일도 부모에게 의지하곤 한다. 그렇지만 결코 그것을 단점이라고 생각하지는 않는다.

막내는 다른 사람에게 도움을 요청하는 것이 특기다. 그것이 정말로 필요한 도움인지 아닌지는 검토할 필요가 있겠지만, 첫째인 내게는 막내의 그런 성격이 매우 부럽다. 아들러도 "무엇이 주어졌느냐보다 주어진 것을 어떻게 사용하느냐가 중요하다."고 강조한 바 있다. 첫째 아이는 뭐든 스스로 해결하려고 들며 남에게 거의 상의하지 않는다. 상의하는 일을 부끄러워하며 독단적으로 결정하는 경향이 있다.

나는 예전에 정신과 병원에 근무한 적이 있다. 당시 원장님은 나보다 어릴 뿐만 아니라 막내였다. 의료 사무에서 막 컴퓨터를 사용하기 시작한 때였는데, 컴퓨터가 이따금 다운되곤 했다. 화면이 멈춰서 움직이지 않으면 첫째인 내 행동은 일단 사용 설명서부터 펼치는 것이었다. 두꺼운 사용 설명서를 들척이며 어디에 문제가 있는지, 나의 조작법에 미숙한 데는 없는지 끙끙거리며 자세히 조사했다. 그때 원장님이 와서 물었다.

"대체 뭘 하시는 거예요?"

"컴퓨터가 고장 나서 화면이 멈춰버렸어요. 그래서 어디에 문제가 있는지 찾아보는 중이에요."

그러자 원장님은 곧바로 그 프로그램을 개발한 의사에게 전화를 걸었고, 내가 보기에는 매우 초보적인 질문들을 던졌다.

한 가지 사례일 뿐이지만, 이것 역시 막내의 전형이라고도 말할 수 있다. 이런 행동이 가능한 사람은 어떤 의미에서 보면 살아가기가 매우 편할 것이다. 곧바로 다른 사람에게 도움을 요청할 수 있는 것은 막내의 장점이라고 생각한다.

다른 경험을 들자면, 강연회 같은 데서 마지막으로 질문을 받을 때, 맨 처음 손드는 사람이 막내일 때가 많다. 막내는 내가 이런 질문을 던지면 다른 사람이 어떻게 생각할까 하는 고민을 거의 하지 않는다. 강연자인 내가 속으로 '그런 것은 혼자 생각해도 될 텐데.' 싶은 질문도 개의치 않고 당당하게 질문한다.

반면 첫째들은 질문 전에 생각부터 하는 사람이 많아 보인다. '내 질문이 너무 초보적인 수준이면, 저 강사나 청중들이 나를 바보로 보지 않을까?' 같은 쓸데없는 고민을 한다. 그래서 결국은 끝까지 질문을 하지 못한 채 시간만 흘려 보내기도 한다. 이런저런 경험 끝에 내가 내린 결론은 막내가 사랑받을 만한 존재라는 것이다.

뛰어난 막내, 요셉

아들러는 세계의 옛날이야기 속에서 막내가 뛰어난 예를 많이 발견할 수 있다며 《인생 의미의 심리학》에서도 《구약성서》의 〈창세기〉를 예로 들었다.

요셉은 막내로 자랐다. 17년 후 벤야민이 태어났지만, 그는 요셉의 성장에는 아무런 역할도 하지 않았다. 요셉의 라이프스타일은 전형적인 막내의 라이프스타일이다. 그는 꿈속에서조차도 늘 우월성을 주장한다. 다른 사람은 그의 앞에서 무릎을 꿇어야만 한다. 그는 다른 모든 사람을 그늘 속에 둔다. 형제들은 그의 꿈을 매우 잘 이해했다. 어려운 일은 아니었다. 언제나 요섭과 함께 있었고, 그의 태도가 매우 분명했기 때문이다. 그들도 요셉이 자기 자신 속에서 환기한 감정을 경험했다. 그러다 요셉이 두려워지자 말살하고 싶어 했다. 그러나 요셉은 막내의 장점 덕에 최고가 되었다. 나중에 요셉은 가족 전체의 기둥과 버팀목이 되었다.

벤야민은 요셉이 17살 때 태어났기 때문에 어린 시절의 요셉은 실질적으로 막내였다. 막내인 요셉은 아버지인 야곱의 편애 때문에 다른 형제들의 반감을 샀고, 형들의 음모로 상인에게 팔려서 이집트로 끌려갔다. 그 후 요셉은 이집트의 고위 관료가 되었고, 거기에서 왕이 꾼 꿈의 수수께끼를 풀었다. 그로 인해 높은 평가를 얻었고, 대기근을 예언하여 재상의 자리까지 올랐다. 기근이 든 그해 이집트에 식량을 구하러 온 사람 중에는 요셉을 팔아넘긴 형제들이 있었다. 그들은 동생을 알아보지 못했지만, 요셉은 형들을 용서하고 아버지와 함께 받아들였다. 〈창세기〉에 나오는 이야기다.

요셉의 꿈이란 다음 같은 내용이다. 요셉이 밭에서 곡식 단을 묶고 있었는데, 자기의 곡식 단이 일어서고, 형제들이 묶은 곡식 단이 가까이 다가와 절했다. 형제들이 요셉에게 넙죽 엎드린다는 의미의 예지몽이었다. 꿈대로 요셉은 최종적으로 일가를 구원하는 구세주가 되었다.

막내의 단점

지금까지는 막내의 긍정적인 측면만 살펴봤지만,《인생 의미의 심리학》에서 아들러는 막내의 단점도 지적했다.

막내는 문제 행동을 일으키는 아이들 중 두 번째로 큰 그룹을 형성한다(문제 행동을 일으키는 가장 큰 그룹은 첫째 아이다.). 그 이유는 막내가 가족 전체에게 응석을 부리는 방식에 있다. 응석받이로 자란 아이는 절대 자립하지 못한다. 막내는 언제나 야심이 있지만, 모든 아이 가운데 가장 야심이 큰 아이는 게으른 아이이기도 하다. 게으름은 용기 꺾기와 연결된 야심의 증표다. 이 야심은 매우 강하기 때문에 인간이 그것을 실현할 가망은 거의 없다. 막내는 야심을 인정하지 않지만, 이것은 모든 면에서 뛰어나고 싶기 때문이다. 막내가 얼마쯤 열등감을 느끼는 것은 명확하다. 주변 사람 모두가 연상이고, 힘이 있고, 경험도 많기 때문이다.

손위 형제들은 당연히 자기보다 힘에서나 경험에서나 뛰어나다. 그런 상황을 비관적으로 보면 막내는 열등감을 느낄 수 있다.

아들러는 '응석받이'라는 표현을 자주 사용했는데 '응석받이'의 명확한 정의 혹은 구체적인 예를 쓰지는 않았다. 이에 나름대로 예시를 들어보겠다. 아들이 아직 초등학생일 때, 나는 이렇게 물어봤다.

"응석받이로 키운다는 것이 뭔지 아니?"

그때 아들은 다음 같은 답을 내놓았다.

"부탁하지도 않은 일을 하는 거."

정답이다. 부모가 아이에게 부탁받지도 않은 것을 해준다. 부모가 아이의 과제를 떠맡아버리면 아이는 자기 인생에 책임감을 가질 수 없다는 의미에서 자립이 어려워진다.

외동

외동은 연장자와 잘 어울린다

《인생 의미의 심리학》에서는 외동, 즉 하나뿐인 아이의 특징도 다루었다.

외동은 독특한 문제를 갖고 있다. 경쟁자는 있지만, 형제가 아니다. 경쟁 상대는 아버지다. 외동은 어머니에게 응석을 부린다. 어머니는 혹시나 아이를 잃을까 두려워서 자기 곁에 두려고 한다. 외동은 이른바 '마더 콤플렉스'를 발달시킨다. 어머니의 치맛자락에 매달려서 아버지를 가족 전체상에서 배제하고 싶어한다. 아버지와 어머니가 협동해서 아이에게 부모 양쪽에 관심을 갖도록 교육시키면, 이런 문제를 미연에 막을 수도 있다. 그러나 대부분 아버지는 어머니보다 아이와 관계 맺을 기회가 적다. 첫째 아이가 간혹 외동과 매우 비슷할 때가 있다. 첫째 아이는 아버지보다 뛰어나고 싶어 하고, 자기보다 연상인 사람과 같이 있는 시간을 즐긴다.

외동은 형제 관계에서 생기는 갈등을 경험하지 않으므로 비슷한 또래 아이와 관계 맺는 일에 비교적 서툴다. 그러나 한편으로 연장자와는 매우 잘 사귄다. 어머니 또는 조부모와의 관계가 밀접하므로 어른과의 관계에 익숙해 이른 시기부터 어른과 대등하게 이야기를 나눌 수 있다. 형제들 사이의 경쟁 관계가 없기 때문에 부모의 관심은 모두 자기에게 향한다. 그로 인해 응석받이로 자랄 가능성이 있다. 의존적이고 자기 중심적으로 자랄지도 모른다. 다른 한편으로는 매우 자립적으로 성장하고, 다른 사람과 함께 협력해서 살아가려 노력하는 아이가 될 수도 있다.

외동의 경쟁자는 부모다. 특히 아버지라는 인용문의 표현 때문에 '오이디푸스 콤플렉스'를 떠올리는 사람도 있을 것이다. 남자아이들은 보편적으로 경쟁자로서 질투하기 때문에 '아버지를 죽이고 싶다는 생각까지 한다.'고 프로이트는 말했다. 반면 아들러는 그것이 오로지 응석받이로 자란 아이에게만 해당한다고 지적했다.

외동이 가진 불안

《인생 의미의 심리학》에는 다음 같은 내용도 나온다.

많은 외동 아이가 나중에 동생이 태어나는 것을 죽도록 두려워
한다. 가족의 친구들이 "동생이 있어야 하는데."라고 말하기 때
문이다. 그러나 외동은 그렇게 될지도 모르는 상황을 몹시 싫
어한다. 언제나 주목의 중심에 있고 싶어서다. 이것이야말로 자
기의 권리라고 느끼고, 혹시 그 입장이 위협당하면 끔찍한 일을
당한다고 느낀다.

충분히 이해할 수 있는 심리다. 예를 들어, 자녀가 없는 부부
에게 "아이는 언제쯤 낳을 거예요? 일부러 안 갖는 거예요?"라
고 별생각 없이 묻는 섬세함이 결여된 사람을 떠올려보자. 이런
사람들은 아이가 하나뿐인 부부에게도 무신경하게 "동생은 언
제쯤?"이라고 말한다. 문제는 이런 사람들이 생각보다 많다는
것이다. 외동 아이 입장에서는 이런 질문을 반복적으로 듣다 보
면 동생이 태어나는 것이 끔찍이 두려워진다. 같은 책에는 다음
과 같은 내용도 나온다.

외동의 성장을 위태롭게 만드는 또 다른 상황은 두려움이 많은 환경이다. 만약 부모가 의학적인 이유로 더 이상 아이를 가질 수 없다면 외동의 문제를 해결하기 위해 할 수 있는 대책은 없다. 더 이상 아이를 가질 수 없는 가족 중에서 이러한 외동이 자주 보인다. 부모는 두려움이 많고 비관적이다. 경제적으로도 아이를 하나 이상 부양할 수 없을 거라고 느낀다. 전체적으로 불안에 가득찬 분위기로 인해 아이 역시 몹시 괴로워진다.

현재 일본의 경제 상태는 절박하다. 아이들이 미래에 얼만큼 가난해질지 모른다는 사실이 사회문제로까지 떠오르고 있다. 그런데도 저출산 문제를 해결하기 위해 아이를 좀 더 낳아야 한다는 식으로 무신경하게 말하는 정치인이 있다. 전쟁 이전처럼 "낳아라, 늘리자."라고까지 떠들지는 않지만 말이다.

지금은 아이를 많이 낳아서 기를 만한 환경이 아니다. 그런 의미에서 '아이는 하나만 낳겠다.'는 생각을 가진 가족은 아들러가《인생 의미의 심리학》에서 말한 대로 불안이 가득한 분위기에 지배당하기도 할 것이다.

만약 가족 안에서 아이들의 터울이 많이 지면, 각각의 아이들이 외동의 특징을 몇 가지쯤 갖게 될 것이다.

처음에도 말했듯이, '형제 순위'에 따른 특징은 어디까지나 경향이다. 실제로는 다양한 요인이 겹쳐지기 때문에 '반드시 이렇게 된다.'고 장담할 수는 없다. 그 점을 기반에 두고, 부모가 아이를 어떻게 대해야 하는지 고찰하면, 이렇게 정리할 수 있다.

먼저 '경쟁시키지 않는다'. 그러기 위해 '칭찬하지 않는다, 야단치지 않는다'. 아이를 칭찬하거나 야단치면, 그것을 지켜보는 형제들 사이에서 심한 경쟁 관계가 만들어진다. 부모가 경쟁시키지 않으면 자녀들의 성격은 그다지 다르지 않을 것이다. 반대로 자녀들의 성격이 많이 다르다면 비록 의식적이지는 않았다고 해도, 부모가 자기도 모르는 사이에 아이들을 경쟁시켰기 때문이다.

가족끼리 협력하는 방법도 아이들에게 가르쳐야 한다. 이 두 가지 사항을 고려할 때 부모가 실천할 수 있는 구체적인 방법을 이야기하겠다. 칭찬하거나 야단치는 대신 아이가 어떤 방식으로든 가족에게 협력할 때, 그 협력 혹은 가족을 위한 노력에 대해 "고맙다."고 말하면 된다. 오직 그 한 가지면 된다. 아이가 다른 형제와의 경쟁에서 이겨서 부모의 주목과 관심을 끌지 않아도, 서로 협력하면 부모가 그것을 인정하고, "고맙다."고 말해준다는 것을 이해시키고 교육하는 것이 중요하다.

　아이를 응석받이로 만들어서는 안 된다고는 이미 언급했다. 아이의 과제에 쓸데없이 간섭하지 말아야 한다는 것, 그 점도 각별히 염두에 둬야 한다는 이야기는 새삼 다시 거론할 필요도 없다.

부탁하는 능력을 키우는 것이 좋을까요?

Q 막내와 대비되는 점으로 첫째는 무엇이든 스스로 해결하려 해서 도움을 청하는데 서툴다고 이야기하셨습니다. 그렇다면 첫째인 사람들은 그것을 자각하고, 의식적으로 다른 사람에게 부탁하는 능력을 키워야 할까요? 아니면 반대로 남에게 의지하지 않고 어떻게든 자기 힘으로 해내려는 점을 긍정적으로 보고, 자기 나름대로 스스로를 수용하며 살아가야 할까요? 어느 한쪽이 더 좋다는 말씀은 아닐 테지만, 어떻게 하면 좋을까요?

A 말씀하신 대로 어느 쪽이 더 낫다는 뜻은 아닙니다. 결론부터 말씀드리면, 양쪽을 적절하게 구분해서 활용해야 하지 않을까요? 먼저 어디까지 내가 할 수 있는가, 어디부터는 내 힘으로 가능하지 않은가, 그에 대한 판단이 필요합니다.

첫째 아이에게 흔히 발생하는 문제는 할 수 없는 일을 할 수 있다고 잘못 확신하고, 불가능한 일인데도 가능해야 한다고 생각해버리는 점입니다. 첫째는 대다수가 독단론자입니다. 미키 기요시는 독단론자를 '지성의 패배자'라고 했습니다. 독단론자는 자기 판단이 옳은지 틀린지 철저하게 고민하지 않습니다. 다른 사람과 상의하지도 않습니다. 어쨌든 자기가 결정해야 한다고 생각합니다. 옳으냐 그르냐가 아니라, 자기가 결정했다는 데 의의를 두는 것이 첫째 아이입니다.

　　어떤 결정이든 잘못될 가능성은 있습니다. 지금 유행하는 신종 코로나 바이러스는 미지의 대상이기 때문에 앞으로 무슨 일이 벌어질지 알 수 없습니다. 누구도 이런 일을 예상하지 못했기에 아무것도 예단해서는 안 됩니다. 잘못된 정책이라는 사실이 명확해지면 누가 제안한 정책이든 곧바로 철회해야 마땅합니다. 그런 행동이 불가능한 사람은 대부분 첫째가 아닐까, 저는 주목하고 있습니다. 설령 첫째가 아니라고 해도, 결정의 내용이 옳으냐 아니냐는 제쳐두고, 누가 결정했는가에 연연해하는 독단론자는 유해할 뿐입니다.

　　리더의 입장에 선 사람이 "이거면 됐어."라고 힘차게 결단을 내리는 것이 잘못이라는 이야기는 아닙니다. 그러나 결단 자체가 잘못일 가능성이 있음을 알아야 하고, 자기 혼자서 결단할 수 없다는 생각이 들면, 의식적으로 다른 사람의 의견에 귀 기울이도록 노력해야 합니다. 그렇지 않으면 불행은 끝나지 않을 것입니다.

　　첫째는 노력가이자 근면가라고도 말했습니다. 할 수 있는 일부터 장점을 확장해나가면 됩니다. 반면 부족한 점이나 모르는 부분에 관해서는 다른 사람에게 의식적으로 도움을 요청하도록 노력해야 합니다. 남에게 도와달라고 하는 것이 부끄러운 일은 아니니까요. 반복되는 이야기지만, 할 수 있는 일과 없는 일을 잘 파악하는 일이 중요합니다.

마지막 장

성격을 바꾸면, 인생이 바뀐다

성격은
타고나는 것이 아니다

아들러의 성격론

아리스토텔레스를 스승으로 삼았던 고대 그리스의 철학자 테오프라스토스가 쓴 《사람은 제각각》이라는 책이 있다. 그리스어 제목은 '에티코이 카락테레스Ethicoi Charakteres'다. 영어 캐릭터, 독일어 카락타의 어원이 된 단어로 직역하면 '성격론'이다. 이 책에서는 약 30개의 성격을 언급했는데, 각각의 성격에 구체적이고 재미있는 사례를 많이 소개했다. 이 책의 저자인 테오프라스토스가 이렇게 말했다.

"같은 교육을 받았는데, 사람의 성격은 왜 다른가?"

이 책의 근본적인 질문이다. 똑같이 아테나이라는 폴리스에 태어났고 그곳에서 같은 교육을 받으며 자랐는데, 왜 이렇게나 성격이 다른가 하는 문제를 최초로 다뤘다.

성격은 타고난다는 생각을 가진 사람이 많은 것 같지만, 아들러의 주장에 따르면 성격은 천성적인 것이 아니라 '자기가 선택하는' 것이다. 우리 스스로를 돌아보자. 같은 가정에서 태어나 비슷한 환경에서 같은 부모 밑에서 자란 형제들의 성격이 확연하게 다르다. 왜 그런 차이가 생기는가 고찰할 때, 스스로 선택했기 때문이라는 설명만이 가능하다는 것이 아들러의 관점이다.

'성장한 조건이 거의 같은데도 성격이 전혀 다르다면, 그것은 아이가 스스로 선택했기 때문이다.'

아들러는 《사람은 왜 신경증에 걸릴까》라는 책에서 이렇게 적기도 했다.

한 가족의 자녀들이 같은 환경에서 성장했다고 생각하는 것은 아주 흔한 오해다.

한 가정에서 태어났다고 해서 같은 환경에서 자랐다고 할 수는 없다. 예를 들면 첫째와 중간에 낀 아이, 막내는 거의 다른 가정에서 태어나서 자랐다고 해도 좋을 만큼 다른 성격을 발달시킨다. 그러니 '성격은 천성적으로 타고나는 것이 아니다.'라는 점부터 알아둬야 한다. 나아가 성격이 '자기'가 아니라는 것도 알아야 한다. 우리가 성격을 선택하는 것이지, 성격이 우리 자체는 아니다.

컴퓨터를 잘 아는 사람이라면 바로 이해하겠지만, OS오퍼레이팅 시스템가 바뀌면, 컴퓨터 자체가 전혀 다른 것이 된다. 동작이 느려진 컴퓨터에 새로운 OS를 설치한 다음 가동시키면, 전혀 다른 기계처럼 처리 속도가 빨라진다. 컴퓨터가 자기 자신이고, OS가 성격이다. 성격이 자기 자신은 아니라는 점을 분명하게 알아둬야 한다.

성격이란 무엇일까?

그렇다면, 성격이란 무엇인가. 다음은《성격심리학》제1장 〈총론〉 첫머리 부분이다.

우리가 성격 특징으로 이해하는 것은 인생의 과제에 돌입하려는 사람에게서 드러나는 마음의 일정한 표현 형식이다. 따라서 '성격'은 사회적 개념이다. 우리는 성격에 관해, 그 사람의 주변 세계와의 연관을 고려할 때에만 비로소 논할 수 있다.

아들러는 대인관계가 "인생의 과제"라고 말했다. 요컨대 성격이란 다른 사람과의 대인관계에 임할 때 드러나는 "마음의 일정한 표현 형식"이며, 그것이 곧 "사회적 개념"이라는 것이다. '사회적 개념'에 관해서는 나중에 다시 설명하겠다. 요점은 성격을 개인의 내적 문제로 파악하는 것이 아니라 다른 사람과의 관계 속에서 파악한다는 뜻이다.

아들러는 타인, 그리고 주변 세계와 어떤 식으로 관계 맺는가 고려하지 않으면 누구의 성격에 관해서도 이해할 수 없다는 생각을 이 책의 앞머리에서 밝히고 있다. 그리고 나는 인용문의 첫 부분을 '성격'이 아니라 '성격 특징'이라고 옮겼다. 독일어의 '성격'은 카락타Charakter, 영어로는 캐릭터다. 아들러는 카락타 뒤에 추쿠Zug 라는 어휘(복수형은 Züge)를 붙여 카락타추쿠Charakterzug, Charakterzüge 라고 표기했다.

다와다 요코는 〈엑소포니exophony〉라는 에세이에서 이 카락타추쿠라는 단어를 '성격론'이라고 번역했다. 예를 들어 '이 사람은 화를 잘 내는 사람이네.'라고 생각하는 것은 그 사람이 불같이 화내는 모습을 두 번 봤을 때다. 첫 번째 광경과 두 번째 광경 사이에 '선'이 그어지면서 이 사람은 쉽게 화낸다는 인상이 심어진다. 그런데 인간은 훨씬 복잡해서 처음 만났을 때는 바로 마음을 터놓았는데, 두 번째 만났을 때는 매우 차갑게 대하기도 한다. 그런 모순으로 가득한 요소를 몇 개씩 모아가는 사이 마침내 몇 개의 선이 그어지고 그 사람의 '성격'이라는 일면이 드러나기 시작한다고 썼다.

아들러는 사람들이 성격을, 예를 들면 어떤 사람과의 대인관계에서는 쉽게 화내지만, 다른 사람과의 관계에서는 그렇지 않다…… 이런 식으로, 대인관계 속에서 그때그때 결정한다고 보았다. 그럴 리 없다고 생각할 수도 있지만, 아들러는 성격을 어디까지나 대인관계 속에서 몸에 배는 것으로 파악했다. 인용문에 나온 "사회적 개념"이란 바로 그런 의미다. 성격이 그 사람 고유의 내면적 성질, 다시 말해 '개인적인 개념'이 아니라 사람들과의 관계 속에서 끊임없이 변하는 사회적인 개념이라는 의미다. 그래서 일부러 '성격 특징'이라는 말을 사용했는지도 모른다.

성격에는 목표가 있다

이것도 아들러 심리학의 특징적인 관점인데, 사람의 성격은 '어떤 목표로 향하는 움직임'이라고 생각한다. 바꿔 말하면 어떤 목표를 달성하기 위해 인간이 성격을 선택한다고 받아들이는 것이 이해하기 쉬울지도 모른다.《교육이 힘든 아이들》을 살펴보자.

인간의 모든 행동은 목표에 따라 설정된다. 살아가고, 행위하고, 자기의 입장을 찾아내는 방법은 반드시 목표 설정과 연결되어 있다. 일정한 목표가 염두에 없다면, 어떤 생각도 할 수 없고, 시작도 할 수 없다.

선 하나를 그릴 때, 목표를 설정하지 않으면 끝까지 선을 그을 수 없다. 욕구가 있는 것만으로는 어떤 선도 그을 수 없다. 즉, 목표를 설정하기 전에는 아무것도 할 수 없으며 앞을 미리 전망해 봐야 비로소 앞으로 나아갈 수 있다.

아들러는 여러 책에서 '목표'에 관해 논했다. 단지 선을 긋고 싶다는 욕구만 가지고는 선을 그을 수 없다. '여기를 향해 선을 긋자'라는 목표를 정할 때 비로소 선을 그을 수 있다. 마찬가지로 우리의 행동에도 어떤 목표나 목적이 있다. 아들러가 어떤 행동에 관해서 '왜?'라고 묻는다면 원인이 아니라 '목표'나 '목적'을 묻는 것이다. 왜 그렇게 행동했느냐는 질문을 받은 사람은 대부분 그 원인에 관해 말하려 한다. 목표나 목적에 관한 질문이라는 생각은 하지 않는 것 같다.

이유가 뭘까? 어떤 행동에 관한 목표나 목적을 확실히 인식하지 못하는 경우가 많기 때문이다. 예를 들어 빵 먹을 때 '배가 고파서'라는 것은 원인이다. 문제는 배고프다고 해서 누구나 다 빵을 먹지는 않는다는 것이다. 배고플 때 빵 먹는 행동은 '공복을 채우기 위해서'다. 따라서 공복을 채운다는 목표를 향해 빵을 먹는다고 생각할 수도 있다. 다만 그것은 어디까지나 바로 코앞에 닥친, 바로 앞에 있는 목표일 뿐이다. 빵을 먹는 진정한 목표는 공복을 채우기 위해서가 아니라 좀 더 다른 데 있을지도 모른다.

이해하기 어렵다면 아이를 예로 들어 생각하자. 아이는 배고프면 울기도 한다. 어른은 '아이가 배고파서 빵을 찾고 있다.'고 이해한다. 그러나 사실 그 아이가 우는 목적은 고픈 배를 채우기 위해서가 아닐지도 모른다. 아이 자신은 물론 주위 사람도 잘 모르는 목표를 달성하기 위해 우는지도 모른다. 아들러는 '숨겨진 목표'라고 말하는데, 사실 울음을 터트리는 것은 주위 어른들을 지배하고 싶기 때문이다. 그 힘을 행사한 결과, 빵이 나올 때도 있는 것이다. 본인은 '무의식'으로 한 행동이다. 이때 아들러가 말하는 무의식이란 옆에서 말하면 비로소 알아챌 수 있을 정도라는 의미다.

"네가 그렇게 우는 목표, 목적은 대체 뭘까?"

아이에게 물어도 대답은 들을 수 없을지 모른다.

"혹시 네가 원하는 것을 어른한테 해달라는 뜻 아닐까?"

지적하고, 아이가 그 이야기에 납득한다면, 목적을 달성하는 보다 효과적인 방법을 아이에게 가르칠 수 있다. 과자가 먹고 싶다며 울기 시작할 때, 그것은 단지 과자가 필요해서 우는 것이 아니라 주위 어른들을 움직여서 시중을 들게 하기 위한 행동임을 아이에게도 이해시켜야 한다.

"그런 목적이라면, 굳이 안 울어도 돼."

"그럼 어떻게 해?"

"말로 부탁하면 되지."

이런 대화를 나누자. 아이가 원하는 것을 사주지 못하는 것은 아니다. 그러나 어른은 아이에게 지배당하고 싶지 않다. 아이가 무의식적으로 어른을 지배하려는 자기 자신을 깨닫고, 어른들이 지배당하고 싶어 하지 않는다는 것, 나아가 무언가 원할 때 어떻게 하면 되는지를 알면? 아이의 행동은 바뀐다.

아들러는 인간의 '숨겨진 목표'에 관해 세 가지 유형을 들었다. 하나는 남들보다 뛰어나고 싶은 '우월성'. 다음은 다른 사람보다 힘을 더 갖고 싶어 하는 '권력욕'. 그리고 다른 사람을 복종시키고 싶어 하는 '정복욕'. 이것들이 아들러가 말하는 세 가지의 '숨겨진 목표'다. 아들러는 행동이 이처럼 숨겨진 목표에 의해 확정되는 것을 사람들이 전혀 이해하지 못한다고 지적했다. '성격' 이야기로 돌아가면, 아들러는 성격 또한 인간이 대인관계 속에서 목표를 달성하기 위해 선택하는 것이라고 생각한다.

성격의 탄생

3장에서 이미 설명했지만, '성격'이라는 말과 '라이프 스타일'이라는 말의 차이에 관해 다시 한번 아들러의 정의를 짚어보자.

성격 특징은 인간의 운동선運動線이 밖으로 드러난 형태에 불과하다.

여기서 말하는 "운동선"이란 설정한 목표를 향해 인간이 어떻게 움직이는가 하는 코스라는 의미다. '라이프스타일'과 거의 같은 의미로 사용된 것이다. 바로 그 라이프스타일, "운동선"이 밖으로 드러난 것이 성격이다. 아주 부지런한 사람이 있는 반면, 몹시 게으른 사람이 있다. 그에 대해 아들러는 이렇게 말한다.

아이가 게으른 이유는 그것이 아이의 인생을 편하게 해주고, 그러면서도 자기가 중요하다는 것을 주장하는 데 적절한 수단이기 때문이다.

노력하지 않고 편하게 살고 싶은 사람은 게으른 성격을 선택한다. 인용문에 나오는 "자기가 중요하다는 것을 주장하는 데 적절한 수단"이라는 말은 자기가 실패하더라도 '만약 내가 게으르지 않았으면, 조금만 더 부지런했으면, 틀림없이 내가 이루고자 한 것을 제대로 달성할 수 있었을 거야.'라고 변명하며 자기 자신의 가치를 떨어뜨리지 않으려는 것이다.

간섭이 심한 부모는 열심히 공부하지 않는 아이에게 공부를 강요할지도 모른다. 부모가 그렇게 나오면 결과적으로 그 아이는 가족의 주목을 받을 수 있다. 매우 비뚤어진 방법이기는 하지만, 직장이나 가정에서 다른 사람에게 무시당하지 않고 주목받는 존재로 살아가기 위해 '게으름'이라는 성격을 선택하는 것이다. 주목받고 싶다는 목표, 즉 그런 라이프스타일을 갖고 있는 사람이 게으른 성격이 되기도 한다는 말이다.

또 한 가지 성격의 정의를 살펴보자.

성격은 그런 방식으로 인간이 주변 세계, 동료, 대체로 공동체와 인생의 과제를 어떻게 인식하는지 알려준다.

"주변 세계, 동료, 대체로 공동체와 인생의 과제를 어떻게 인식"하는지가 인간의 라이프스타일이다. 이 라이프스타일이 밖으로 드러난 것이 '성격'이다. "알려준다."는 말은 라이프스타일을 행동으로 밖에 드러낸다는 의미다.

아들러는 무심코 "동료"라는 말을 사용했지만, 주변 사람이 나에게 매우 위협적인 존재이며 멍청히 있다가는 나에게 상처를 줄지도 모른다고 생각하는 사람은 다른 사람을 동료가 아니라 적으로 여길 수 있다. 그렇더라도 전혀 이상하지 않다. 주변인을 필요하면 나를 도와줄 동료로 여기는 사람이 있는가 하면, 나에게 위해를 가할지 모른다며 끊임없이 불신하는 사람도 있다. 이런 사람들은 타인과 적극적으로 관계 맺으려 하지 않는다. 자연스레 소극적인 성격이 몸에 밸 것이다. 따라서 라이프스타일이 먼저 있고, 뒤이어 자기나 주위 사람이 어떤 사람인지 인식하고, 거기에 의거해서 성격이라는 형태로 라이프스타일을 밖으로 드러낸다고 보는 것이다.

라이프스타일은 고유한 것

아들러 심리학의 상담에서는 환자의 라이프스타일을 알아내는 것을 중시한다. 그러나 앞에서도 말했듯이, 라이프스타일은 무의식적일 때가 많기 때문에 상담사가 그 사람의 라이프스타일을 알려면 무의식적인 행동을 보고 판단할 수밖에 없다. 예를 들면 내담자가 상담실에 들어올 때 어디에 앉는가, 상담사는 그런 점을 관찰한다. 내담자 전용 의자가 준비되어 있으면 보통은 거기 앉지만, 개중에 의자를 상담사 쪽으로 확 당겨오는 사람도 있다. 그러면 압박감 때문에 이쪽은 뒤로 물러서고 싶어지는데, 그런 행동을 보고 그 사람이 다른 사람과 거리를 두는 방식을 알 수 있다. 매우 우호적인 사람일 수도 있고, 반대로 매우 공격적이거나 위압적인 라이프스타일을 지닌 사람일지도 모른다.

똑같은 사람이라도 상황이나 상대에 따라 다른 행동을 취할 때도 있다. 빈에서 아들러의 활동을 계승한 리디아 지허Lydia Sicher라는 학자가 이야기한 사례를 소개하겠다. 집에서는 가족들 누구도 웃는 모습을 본 적이 없지만 그렇다고 해서 전혀 안 웃는 것은 아니고, 다락방에서는 때때로 웃는 사람이 있었다. 그런 사람이 파티처럼 북적거리는 모임에 참석하면 아주 쾌활하고 잘 웃는다는 사례였다. 리디아는 그 사람의 라이프스타일을 다음과 같이 분석했다.

그 사람의 목표는 '존경받는 것'이다. 다시 말해 밖에서 존경받기 위해서는 쾌활한 행동이 필요하지만 반대로 집에서 존경받기 위해서는 설런sullen, '뚱한' 태도가 필요하다고 생각했다는 것이다. 집 안팎에서의 행동이 정반대지만, '존경받는' 목표를 달성하고 싶은 라이프스타일은 똑같다. 독일어로 라이프스타일을 리븐스슈틸Lebensstill이라고 하는데, 주로 '생활양식'으로 번역된다. 굳이 '라이프스타일'이라고 그대로 표기한 까닭은 라이프에는 '인생', '생활', '생명'의 의미가 있는데, 이 모든 의미를 동시에 떠올려주기 바랐기 때문이다.

스타일의 본래 의미는 '문체'다. 인간은 탄생으로 시작해서 죽음으로 끝나는 자서전을 쓴다. 그 전기를 쓸 때의 스타일, 문체는 사람마다 다르다. 작가의 문체가 개개인마다 다르듯이, 태어나서 죽기까지 어떤 삶의 방식을 갖느냐도 모두 다 다르다. 이렇게 라이프스타일은 한 사람 한 사람 각자 고유하다는 점을 이해해줬으면 하는 바람으로 이 어휘를 사용했다.

성격은 바꿀 수 있다

우리 스스로 선택하는 성격

성격을 스스로 선택했다고 하면 많은 사람이 납득하기 힘들어할 것이다. 이에 아들러는 《삶의 의미를 찾아서》에서 이렇게 말했다.

라이프스타일은 흔히 빠르면 2살에서 5살까지는 확실하게 인식된다.

라이프스타일이 2살부터 드러나기 시작해서 5살에는 확실하게 인식된다는 뜻이다. 다시 한번 말하지만, 아들러는 다른 책에서는 '성격'이 아니라 '라이프스타일'이라는 어휘를 사용했다. 앞으로도 '라이프스타일'은 '성격'을 의미한다고 이해해주기 바란다. 어쨌든 2살부터 라이프스타일이 드러난다고 해도 아주 어릴 때의 일은 기억하지 못할 것이다.

"어린 시절을 기억하니?"

아들에게 물어본 적이 있는데 전혀 기억하지 못했다. 오랫동안 아들딸의 유치원 등하원을 책임진 내게도 단편적인 기억만 남아 있다. 개인적으로 상당히 고생스러운 시기였는데 말이다. 어른인 나조차 거의 기억이 없으니 아들딸 입장에서는 "5살 무렵에 네가 스스로 성격을 선택했다."고 말해봐야 납득하기 어려울 것이다.

현대 아들러 심리학에서는 라이프스타일의 인식 시기를 10살 전후로 보고 있다. 그때까지 다양한 시행착오를 거치며 초등학교 3, 4학년 무렵에 '이 라이프스타일을 활용해서 살아가기'로 결심한다고, 현대 아들러 심리학자들은 말한다. 여러분도 10살 이전의 일은 거의 기억하지 못할 것이다. 이사했다거나 많이 다쳤다거나 하는 큰 변화는 단편적으로 기억할지 모르지만, 몇 살 때였냐고 물으면 바로 대답하기는커녕 시간 순서대로 나열할 수도 없을 것이다. 그러나 많은 사람이 10살 이후의 일들은 비교적 또렷하게 기억한다. 따라서 현대 아들러 심리학자들이 그 무렵 라이프스타일이 정해지리라 간주하는 것이다. 아직 이론이 분분해서 확실한 결론이 나지는 않았지만 말이다.

　　라이프스타일은 단 하나만 선택하는 것이 아니다. 내 경우는 10살 조금 후에 스스로의 의지로 크게 바뀐 기억이 있다. 초등학교 6학년 때 학교 학생회 선거에 자진해서 나갈 결심을 했다. 그 무렵 나는 거의 눈에 띄지 않았기 때문에 선거에 나갈 마음이 전혀 없었는데, 문득 '지금부터 이제까지와 다르게 행동하면, 인생이 바뀔지도 모른다.'고 생각한 기억이 난다. 그 후 성격이 바뀌었다는 인상은 지금도 강하게 남아 있다.

　　사람에 따라서는 인생에 몇 번이나 라이프스타일, 즉 성격을 선택하기도 한다. '성격은 자기가 선택한 것이다. 그렇다면 바꿀 수 있지 않은가.' 이런 생각이 중요한 포인트다. 성격은 천성적으로 타고난다고 생각해버리면 바꿀 수 없다. 물론 쉽지 않겠지만, 성격은 바꿀 수 있다고 생각해야 비로소 살아갈 가치가 있고, 삶의 보람도 생긴다고 본다. '이런 내가 싫다.'고 생각하는 사람이 "당신의 라이프스타일(성격)은 절대 못 고친다."는 소리를 들으면 남는 것은 절망뿐이다.

　　어떤 의미로는 낙관적인 아들러는 누구나 성격을 고칠 수 있다고 생각했다. 아들러 심리학에서는 '상담은 재교육'이라고 말한다. 지금까지 몰랐던 삶의 방식을 배워서 새롭게 사는 것 또는 지금까지와는 다른 새로운 사고방식을 익힌다는 의미에서 '재교육'이라고 보는 것이다. 치료든 교육이든 육아든 '사람은 바뀔 수 있다'는 전제가 없다면 시도할 이유를 찾기 어렵다.

19세기의 철학자 키에르케고르는《키에르케고르의 일기》에서 다음같이 말했다.

"어떤 형태로 그때까지의 삶의 방식을 뉘우쳐 고치고 새로운 신앙에 눈뜨는 것을 '회심回心'이라고 하는데, "회심은 서서히 일어난다. 전진해온 길을 그만큼 역행해야만 한다. 회심은 완성되는 일이 없고, 오히려 되돌아가는 일이 생겨버릴 수도 있으니, 두려움을 갖고 떨리는 마음으로 임하자."

성격도 마찬가지다. 유대교 신자로 기독교인을 박해하던 바울은 말에서 떨어져서 회심했다고 전해진다. 그런데 바울처럼 극적인 사건 덕에 돌연 바뀐다기보다는 조금씩 서서히 바뀐다고 보는 것이 좋고, 바뀌었다고 해도 다시 원래대로 되돌아갈 수도 있다. 우리의 세상사가 거의 그렇다고 해도 과언이 아니다. 변화에는 시간이 걸리지만 원래대로 돌아가는 것은 순간이다.

바꾸고야 말겠다는 결심

"사람이 바뀌기에 늦은 때는 언제인가?"라는 질문에

아들러는 "아마도 죽기 하루 이틀 전이겠죠."라고 대답했다. 다시 말해 죽기 직전이 아니라면 사람은 언제든지 바뀔 수 있다는 말이다. '바뀐다.'가 정확한 표현이 아닐지도 모른다. '바뀌려고 결심한다.'가 정확한 표현일 것이다. 결심만 한다면 바뀔 수 있다. 극단적으로 이야기하자면, 지금 이 책을 읽고 있는 순간에도 바뀌겠다고 다짐하면 달라질 수 있다는 말이다.

사람은 스스로 라이프스타일을 선택한다. 필요하다면 언제든지 바꿀 수 있지만, 아무런 이유도 없이 선택하지는 않는다. 그렇기에 성격을 바꾸는 결정적 요인은 한 가지 '본인의 결심'이다. 그런 결정에 영향을 주는 요인은 분명히 다양할 것이다. 가장 먼저 떠올릴 수 있는 요인은 유전적 영향이다. 그러나 아들러는 유전자를 거의 문제 삼지 않았다. 오히려《개인심리학 강의》에서 다음과 같이 말했다.

유전적인 문제는 그다지 중요하지 않다. 중요한 것은 무엇을 유전받았느냐가 아니라, 어린 시절에 유전적으로 주어진 것을 어떻게 사용하느냐다.

아들러 심리학은 '소유의 심리학'이 아니라 '사용의 심리학'이다. 다만 '기관 열등성'이라는, 라이프스타일 형성에 큰 영향을 줄 수밖에 없는 신체적 장애에 관해서는 언급했다. 그러나 기관 열등성이 있다고 해서 모두 같은 라이프스타일이 되는 것은 아니다. 몹시 의존적이 되는 사람이 있는가 하면, 자립적인 사람도 있다. 어떤 사람이 되느냐는 본인이 결정하는 것이지만, 주위에 있는 어른들이 의식적으로 스스로 뭐든 할 수 있도록 도와주지 않으면 자립적으로 성장하지 못할 수도 있다.

5장에서 이야기했듯이, '형제 순위'도 매우 큰 영향을 주는 요인이다. 부모 자식 관계도 물론 중요하지만, 아들러는 몇 형제 중에 몇째로 태어나서 자랐는가 하는 쪽이 영향이 더 크다고 보았다. 다른 하나는 그 가족이 소중하다고 생각하는 가치관, 즉 '가족의 가치'에도 큰 영향을 받는다. 예를 들면 학력이 매우 중요하다고 생각하는 가정에서 태어나서 자란 사람은 부모의 그런 가치관에 동의할지 반대할지 정해야 한다. 참고로 부모가 매우 중요하다고 합의한 가치관이 있으면 그 '가족의 가치'는 강력해지지만, 어머니나 아버지 어느 한쪽만 중요하다고 생각하는 상황에서는 그다지 강한 가치가 되지 못한다.

'가족의 분위기'도 중요하다. 이것은 가족의 규칙을 결정하는 방식인데, 무언가 정할 때 어떤 절차를 거치는가도 큰 영향을 미친다. '가족의 가치'보다 무의식적이라 자기도 모르는 사이 몸에 배어버리지만, 결혼할 때 같은 경우에 큰 문제가 될 수도 있다. 각각의 '가족의 분위기'가 어땠는가, 요컨대 어떤 가정에서 자라고, 가정에서 어떤 결정 방식을 취했는가, 가족의 분위기가 전혀 다른 사람이 같이 생활하기 시작할 때 생겨나는 문제다.

마지막으로 '문화의 영향'이 있다. 태어나서 자란 나라나 지방의 영향을 받지 않을 수는 없다. 일본이라는 나라에서는 '분위기 파악이 중요하다'고 여겨서 '화합'과 '질서'를 소중히 여기지만(나는 그것이 좋다고 말하는 것이 아니다.), 그런 문화 속에서 태어나서 자란다면 자기도 모르는 새에 영향을 받는다.

끝으로 '외부로부터의 영향', 예상치도 못한 외부로부터의 작용이 라이프스타일에 큰 영향을 미칠 때가 있다. 교토에서 발생한 방화 살인 사건의 용의자가 나중에 "다른 사람에게 이렇게 친절한 대접을 받아본 적이 없다."고 말했다. 그에게 타인은 적이므로 동료라고 생각해본 적이 없는데, 중상을 입어 의료진에게 극진히 치료받으면서 어쩌면 라이프스타일이 크게 달라졌을지도 모른다. 라이프스타일은 기본적으로 스스로 선택하는 것이지만, 그 형성에 큰 영향을 미치는 요인들이 있다는 점은 명심하기 바란다.

라이프스타일은 쉽게 바뀌지 않는다

앞에서 라이프스타일, 즉 '성격'을 바꿀 수 있다고 했지만 일단 선택된 라이프스타일을 쉽게 바꿀 수는 없다. 아들러도 《인생 의미의 심리학》에서 이렇게 말했다.

설령 '인생에 부여한' 이 의미에 중대한 잘못이 있다 해도, 또한 문제나 과제에 대한 잘못된 접근이 끊임없는 불운과 불행한 결과를 초래하더라도, 우리가 그것을 포기하는 일은 없다. 인생의 의미에 대한 우리의 잘못된 인식은 잘못된 해석이 나온 상황을 재고하고, 잘못을 인정하고 통각統覺을 재검토함으로써 수정될 뿐이다.

'통각'이란 주관적인 생각을 말한다. 어쨌든 인간은 자기의 라이프스타일에 맞춰서 다른 사람이나 사건을 생각하기 마련이다. 예를 들면 인생에서 '힘을 추구해야 한다.'는 라이프스타일을 가진 사람이 있다고 가정해보자. 그런데 그 사람 앞에 나타난 어떤 사람이 힘을 추구하고자 하는 사람은 상상조차 못할 대응을 할지도 모른다.

아들러의 진찰을 받고 있던 어떤 환자가 난데없이 때리며 덤

벼들었다. 아들러는 거기에 저항하지 않았을 뿐만 아니라 스스로 깨뜨린 유리 조각에 다친 그를 치료해주기까지 했는데, 이 일 덕에 그 환자는 다시금 '살아갈 용기'를 얻을 수 있었다고 한다. 그때까지 아무도 자기를 받아주지 않는다고 생각했는데, 때리며 덤벼드는데도 저항하기는커녕 우호적인 태도조차 바꾸지 않는 아들러의 모습에서 거부당하지 않고 받아들여지는 경험을 함으로써 다른 사람을 바라보는 관점이 바뀐 것이다.

인간은 보통 자기의 라이프스타일을 우선하기 때문에 쉽게 라이프스타일을 바꾸지 않는다. 눈앞에 있는 아들러 같은, 지금까지와 전혀 다르게 대응하는 사람을 만나더라도 나와는 라이프스타일이 다른 사람으로 간주하며 단지 예외일 뿐이라고 치부해버리는 것이 일반적이다.

학생들에게 자주 하는 질문인데, 예를 들어 호의가 있어서 기회만 되면 마음을 전하려던 상대가 저쪽에서 걸어온다고 가정하자. 그 사람이 스쳐 지나는 순간, 상대가 만약 시선을 피했다면 그 사대를 어떻게 해석하고 어떻게 대응할까? 대부분 그 상황을 '나를 싫어한다.', '무시당했다.'는 식으로 안 좋게 받아들인다. 그러나 어떤 학생은 '바람이 세게 부는 날이라 때마침 콘택트렌즈가 틀어져서 스쳐 지나는 순간에 우연히 시선을 피했다.'고 받아들였다. 나는 전혀 상상도 못한 해석이었다. 또 다른 학생은 "그 사람도 나에게 마음이 있는데, 부끄러워서 이쪽을 보지 못했다."고 말하기도 했다.

이것이 바로 아들러가 말하는 '통각'이다. 이처럼 사람은 제각각 자기 세계에 기반을 둔 해석, 요컨대 라이프스타일이 있어서 모든 사태를 자기 라이프스타일에 맞춰서 생각해버린다. '나를 싫어한다.', '무시당했다.'고 비관적으로, 자기에게 좋지 않은 방향으로 받아들이는 것이 나쁘다는 것을 알면서도 그렇게 생각하는 쪽이 익숙해서, 혹은 지금까지의 사고방식에 따라 살아가면 다음에 무슨 일이 벌어질지 예상할 수 있으니, 바꾸지 않겠다고 결심하는 사람이 있다고 해도 이상할 것은 없다.

지금까지와는 다른 라이프스타일을 선택하면 무슨 일이 벌어질지 모른다. '저 사람은 나에게 호의를 갖고 있다.'고 생각한 순간, 다음 한 걸음을 내디뎌야 한다. 그런데 '이 사람은 나를 피하는구나.'라고 생각하면, 대인관계는 거기서 끝난다. 새로운 대인관계를 시작함으로써 생기는 마찰 속에 자기를 두기보다는 그 이상 관계를 깊게 만들지 않는 것이 좋다고 생각해버린다. 다음 단계로 나아갈 용기가 없는 사람이 라이프스타일을 바꾸지 않겠다고 생각하는 것이다.

'공동체 의식'에 근거한 라이프스타일

라이프스타일을 바꾸려면 제일 먼저 '바꾸지 않겠다.'는 결심부터 끊어내야 한다. 상담 받으러 온 사람이 입으로는 "나를 바꾸고 싶다."고 말하면서도 노력하지 않을 때 나는 "바꿀 수 없는 것이 아니라, 바꾸고 싶지 않은 거네요."라고 표현하기도 한다. 가장 중요한 것은 라이프스타일을 바꾸겠다는 '결심'이다. 그다음에는 어떤 라이프스타일을 선택하고 싶은지 알아봐야 한다. 어떤 식으로 바뀌어야 좋을지 모른다면, 바꿀 수 없기 때문이다.

아들러는 어떤 라이프스타일을 권유할까? 아마 '공동체 의식'에 뿌리내린 라이프스타일일 것이다. 어떤 의미인지 먼저 '동료'라는 개념부터 설명하겠다. 독일어로 '동료'는 '미트멘슌 Mitmenschen'다. '미트'는 '함께', '같이'라는 뜻이고, '멘슌'은 '사람들'이라는 의미다. 다시 말해 '공동체 의식Mitmenschlichkeit'이란 사람과 사람이 이어진, 결속된 상태를 가리킨다.

인간은 혼자서 살아갈 수 없다. 반드시 다른 사람과 연결되어 있다. 타인을 동료가 아닌 적으로 여기는 사람이라도, 적이라고 간주하는 것 자체가 이미 다른 사람과의 연결고리 속에 있다는 의미다. 솔직히 인간이 인간으로서 살아간다면, 동료니 적이니

하는 구별 자체가 무의미하다.

공동체 의식은 보편타당한 것이므로 어떤 방식으로든 이 감각으로 정당화되지 않고서는 누구도 행위를 도모할 수 없다.

다른 사람을 전혀 고려하지 않는 사람이라면 회사를 쉬고 싶다거나 학교를 빠지고 싶을 때, 아무렇지 않게 쉴 것이다. 그러나 그럴 수는 없다. 우리는 혼자 살아가는 것이 아니기 때문이다. 갑작스레 쉬어야 할 때는 직장이나 학교에 미리 연락해야 하고, 상대에게도 자기 자신에게도 납득할 만한 이유가 필요하다. 그런 의미에서 우리는 다른 사람과의 연결고리 속에서 살아가고 있다.

사람을 비판할 때 공동체 의식이라는 이념을 기준으로 해서 그 사람의 태도 전체, 사고, 행위를 그것에 비춰서 측정하는 것 말고는 다른 방법이 없다.

다른 사람에 대해 '저 사람은 이런저런 사람이다.'라고 판단하거나 평가할 때 우리가 끊임없이 '저 사람이 공동체 의식을 갖고 있는가.'라는 점을 자연스럽게 고려할 수밖에 없고, 또 반드시 고려해야 한다는 것이 아들러의 생각이다. 나아가 아들러는 다른 사람과의 연대에서 받기만 해서는 안 되고 타인에게도 공헌해야 한다고 말한다.

아이는 언제부터 인생에 공헌하기 시작해야 옳으냐는 질문을 받고, 아들러는 말했다.
"태어나자마자 30분 이내에."

'인생에 공헌한다.'는 말을 '다른 사람에게 공헌한다.'고 바꿔도 좋을 것이다. 다른 사람에게 공헌하는 것이 공동체 의식의 핵심인데, 언제부터 인생에 또는 다른 사람에게 공헌하기 시작해야 옳으냐는 질문에 아들러는 '태어나자마자 바로'라고 대답한 셈이다. 태어나자마자 바로 엄마와 아이 사이에 협력 관계가 생겨난다는 것이 아들러의 기본적인 사고방식이었다.

모유를 먹는 것은 프로이트의 생각처럼 사디스틱 sadistic 한 행위가 아니다. 엄마와 아이 사이의 협력 행위다.

모유를 먹는 행위는 아이가 부모에게 협력하지 않으면 성립할 수 없다. 우리는 다른 사람에게 공헌한다는 의미의 '공동체 의식'을 키워나가야 하고, 그런 '공동체 의식'을 갖춘 성격을 가져야 한다고 아들러는 생각했다.

인생의 과제에서 도망치지 말자

아들러는 인생의 과제를 회피하려는 사람에 관해 다음과 같이 말했다.

그런 사람이 과제 주변에 만드는 우회로에는 나태, 무기력, 빈번한 이직, 비행 등이 그 삶의 방식의 특징으로 드러난다. 태도 결정을 행위로까지 드러내서 몸을 꼬면서 걷고, 항상 뱀처럼 방향을 트는 사람도 있다. 이것은 우연이 아니다. 그런 사람은 얼마간 신중하긴 하지만, 자기가 해결해야 하는 중요한 과제를 피해서 지나가는 경향을 갖고 있다.

인생에는 피할 수 없는 과제가 있다. 특히 대인관계는 까다로워서 다른 사람과 관계 맺으면 어떤 식으로든 마찰이 생기기 마련이다. 그래서 아들러는 "모든 고민은 대인관계의 고민이다." 라고 말했지만, 솔직히 일이나 공부도 몰두해야 할 인생의 과제다. 그렇다 보니 많은 사람이 과제를 앞에 두고 많든 적든 거리를 두려고 한다. 다른 사람과 관계 맺었다가 상처 입거나 원하는 결과를 내지 못할까 봐 두렵기 때문이다. 그럴 때 과제에 몰입하지 않는 것을 정당화할 수 있는 이유를 찾아내거나 혹은 몰입한 후 달성이 불가능한 이유를 찾아낸다.

그때 자주 내세우는 '이유'가 '성격'이다. 소극적이라 다른 사람과 관계 맺는 것이 서툴다고 말하고, 게으른 성격이라 좀처럼 일을 시작할 수 없다며 도망치려 한다. 어느 경우든 성격이라 바꿀 수 없다고 주장하고 싶을 테지만, 성격을 바꿀 수 있다고 이해한 사람은 그 핑계로 과제에서 도망칠 수 없다.

대인관계에서 상처받고 싶지 않은 심정은 충분히 이해한다. 그러나 삶의 기쁨과 행복도 대인관계 속에서만 얻을 수 있는 것이다. 제대로 시작하면 어떤 결과가 나올지 두렵겠지만, 결과가 나온 후에 어떻게 할지 고민할 수밖에 없다. 실패를 두려워한 나머지 팔짱을 끼고 아무것도 안 하는 것보다는 과제에 돌입했으나 실패하는 것이 훨씬 낫다고 나는 생각한다.

인생에는 두려운 일만 일어나는 것이 아니다. 도망치지 말고 과제와 직면하는 용기를 조금이라도 가진다면, 인생은 반드시 바뀔 것이다.

성격을 바꿀 용기

2020년 7월부터 12월까지 NHK문화센터에서 '성격심리학'이라는 강좌를 강의했다. 이 책은 그 내용을 정리한 것이다. 수강생이 많아 다들 성격에 관심이 높다는 것을 실감할 수 있었다. 강의 교재는 아들러의 《성격심리학》이었다. 《성격심리학》을 읽고, 해석해나가면서 강의를 진행했다.

아들러는 심리학을 결정론에서 해방시키고, 인간의 존엄성을 되찾았다. 성격에 대해서도 애초에 타고난 것이 아니라 스스로 선택한 것이므로 언제든 바꿀 수 있다고 말했다. 이런 관점을 접하고 놀란 사람도 많았을 것이다.

예전에 상담할 때, 성격에 관해 다룬 책을 들고 와서 이렇게 말하는 사람이 정말 많았다.

"내 성격은 이 책에 쓰여 있는 그대로예요."

하지만 이 책은 성격을 유형별로 분류하고, 자기 성격이 어디에 해당하는지 파악함으로써 안심하게끔 하려는 의도로 쓰이지 않았다. 성격을 아는 데서 멈추지 않고 바꾸기 위해서 어떻게 해야 할지, 구체적인 사례를 들어 고민하게끔 하려는 목적으로 집필했다.

아들러도 자신의 책인 《아들러의 인간 이해》에서 "자기 자신을 알고 바꾸는 것은 인간에게 어려운 일"이라고 이야기했다. 그래서인지 강의 후에 마련한 질의응답 시간은 상당히 활기가 넘쳤다. 이에 그때 주고받은 대화의 일부분도 담아보았다.

스스로의 얼굴을 보려면 거울이 필요하다. 이 책이 자기 자신을 알고, 더 나아가 바꿔나갈 용기를 얻는 데 일조할 수 있다면 더할 나위 없는 행복이겠다.

2021년 1월

기시미 이치로

아들러 성격 상담소

지은이 | 기시미 이치로
옮긴이 | 이영미
펴낸이 | 이동수

1판 1쇄 펴낸날 | 2022년 4월 13일
1판 2쇄 펴낸날 | 2022년 4월 25일

책임 편집 | 신은정
디자인 | ALL contents group
펴낸 곳 | 생각의날개

주소 | 서울시 강북구 번동 한천로 109길 83, 102동 1102호
전화 | 070-8624-4760
팩스 | 02-987-4760

출판 등록 | 2009년 4월 3일 제25100-2009-13호

ISBN 979-11-85428-67-3 03180